Dévoilements:

La Quête Scientifique de la Divinité dans l'Univers

Slim El

À Propos de l'Auteur

Slim Labidi, mieux connu sous son nom de plume Slim el, est une figure énigmatique dans le monde de la littérature contemporaine. Né à l'intersection de l'ancien et du moderne, Slim a grandi en nourrissant un amour profond pour la connaissance sous toutes ses formes. Avec un pied fermement ancré dans les traditions de sa terre natale et l'autre dans le rythme effréné de la technologie moderne, Slim el représente un pont entre les mondes, un interprète des anciens textes et des théories d'avant-garde.

Éducateur de formation, philosophe de cœur, et explorateur spirituel par nature, Slim el s'est dédié à la quête incessante de la sagesse à travers le prisme de la science, de la philosophie et de la théologie. Sa plume, alimentée par une curiosité insatiable et un désir ardent de partager ses découvertes, danse sur le papier pour tisser des récits qui défient notre perception de la réalité.

Avec un respect inébranlable pour la rigueur scientifique et une ouverture d'esprit vers le mystique, Slim el nous invite à un dialogue entre la foi et la raison, posant des questions qui touchent à l'essence même de l'existence humaine. Dans ses œuvres, il ne craint pas de plonger dans les abysses des grands mystères de l'univers, tout en maintenant une tendresse pour les joies et les peines de l'expérience humaine.

Son écriture, souvent décrite comme une symphonie de mots, révèle son esprit polymathe, embrassant la complexité de la physique quantique, la subtilité de la métaphysique, et la poésie du divin. Slim el est un pionnier dans un genre qui cherche à rapprocher les mondes matériel et immatériel, un érudit qui trouve des sanctuaires de vérité dans les espaces entre les dogmes et les données.

Dans ce livre, Slim el déploie son érudition et son empathie pour guider le lecteur à travers un voyage inoubliable, un pèlerinage vers une compréhension plus profonde de l'univers et notre place en son sein. Chaque page est une invitation à regarder au-delà des étoiles et au plus profond de nous-mêmes, pour trouver une harmonie dans le chaos apparent, un dessein dans l'aléatoire, et peut-être, une lueur du divin dans l'œuvre complexe et merveilleuse que nous appelons la vie.

Prélude : À la Croisée des Chemins Invisibles

Avant que vous ne vous immergiez dans les profondeurs de ce livre, permettez-moi de vous inviter à un voyage hors du commun. Imaginez-vous debout à la croisée des chemins invisibles, là où la science, la foi, la philosophie et la poésie se rencontrent, échangeant des vérités anciennes et des découvertes modernes comme des devises de pays éloignés. Vous êtes sur le point d'embarquer dans une expédition qui cherche à tisser ensemble des fils disparates pour comprendre non seulement l'existence de Dieu mais aussi la nature de notre propre recherche de sens dans cet univers expansif.

Ce prélude est un appel à l'aventure, une invitation à suspendre temporairement vos préjugés, vos certitudes et même vos doutes les plus ancrés, pour explorer avec un esprit ouvert. Ici, il n'est pas nécessaire de laisser votre rationalité à la porte ; au contraire, armez-vous de votre scepticisme sain, de votre curiosité scientifique, et de votre capacité à vous émerveiller devant les mystères qui vous attendent.

Ce livre repose sur quatre piliers : la science avec ses lois et ses théories, la spiritualité avec ses expériences et ses aspirations, la raison avec sa logique et son questionnement, et la révélation avec ses textes sacrés et ses enseignements. Chacun a son rôle à jouer dans la construction de notre compréhension. Ils ne sont pas des adversaires dans une arène mais des partenaires dans une danse complexe, chacun apportant une perspective unique sur la question la plus universelle : y a-t-il une intelligence suprême, un créateur, que nous pouvons appeler Dieu ?

Nous commencerons par un voyage à travers le cosmos, en observant l'ordre et la complexité qui défient l'entendement, depuis les particules subatomiques jusqu'aux superamas de galaxies. Puis, nous plongerons dans les profondeurs de l'esprit humain, où la conscience elle-même suggère des énigmes qui semblent pointer vers l'inexplicable.

Chaque chapitre que vous allez lire est une invitation à la réflexion personnelle, à peser les arguments, à contempler les théories et à questionner les convictions. Il n'est pas nécessaire d'adhérer à une foi particulière ou de renoncer à la rigueur scientifique ; ici, nous célébrons la coexistence harmonieuse de la foi et de la raison, du cœur et de l'esprit.

Alors que vous vous apprêtez à tourner la première page, imaginez que vous assistez à l'aube, où les premiers rayons de lumière se frayent un chemin à travers le voile de l'obscurité. Ce que vous découvrirez dans les pages à venir est semblable à ces premiers rayons - des éclairs de compréhension qui, espérons-le, illumineront un chemin vers une nouvelle perspective de l'éternel.

Ainsi, avec une humilité respectueuse et une audace curieuse, je vous invite à commencer ce périple. Que les mots qui suivent soient pour vous des pierres sur le chemin de la découverte, des étincelles dans la nuit de l'inconnu, des murmures qui parlent des vérités intemporelles.

Prenez une profonde inspiration ; la porte est ouverte. Le prélude de notre symphonie commence, et avec lui, l'écho de nos questionnements les plus profonds résonne à l'infini.

Introduction

Je me tiens à l'orée d'une forêt immense et ancestrale, conscient que chaque arbre est un sujet de débat millénaire, chaque racine une philosophie, et chaque bruissement de feuille une théorie scientifique. Je suis ici pour parcourir ces bois profonds, cherchant non pas à conquérir, mais à comprendre. La forêt dont je parle est la somme des questionnements humains sur l'existence d'un Créateur, une entité supérieure, un principe organisateur que beaucoup appellent Dieu.

Mon prénom est Slim, et je m'apprête à vous convier à une expédition à travers les âges, une quête qui a engagé les esprits les plus brillants de notre histoire. Cet ouvrage que vous tenez entre vos mains n'est pas un manifeste dogmatique, mais un périple à travers les multiples facettes de la preuve divine, envisagée sous les angles les plus divers : la rigueur de la méthode scientifique, la subtilité de la pensée philosophique, et l'intimité des expériences humaines.

Nous nous émerveillons tous devant les merveilles de l'univers, depuis la simplicité élégante d'une équation mathématique jusqu'à la complexité d'une galaxie spirale. Chaque étoile, chaque planète, chaque particule semble jouer une partition écrite dans une langue que nous commençons tout juste à déchiffrer. Et tandis que nous plongeons dans l'infiniment petit ou que nous sondons les confins de l'infiniment grand, la question persiste : y a-t-il une Main derrière ce Grand Dessein ?

Dans cette quête, je revêtirai plusieurs casquettes. En tant que chercheur, je m'efforcerai de demeurer impartial, présentant les faits tels qu'ils se présentent à l'analyse critique. En tant que philosophe, je m'autoriserai à spéculer, à interroger, à débattre. Et en tant qu'humain, je partagerai mes propres émerveillements, doutes et révélations.

La science moderne, avec sa méthode empirique et son langage mathématique, nous a apporté des réponses d'une précision stupéfiante sur le comment de l'univers. Pourtant, elle se heurte souvent au pourquoi, à la finalité, à l'essence même de l'existence. C'est là que la philosophie prend le relais, s'interrogeant sur les causes premières et le sens ultime des choses.

Cette aventure me mènera à interroger les évidences du monde naturel - le feu de l'évolution, la musique des sphères célestes, l'architecture complexe de la conscience. Elle m'oblige à scruter non seulement l'ordre apparent, mais aussi le chaos fertile, à chercher la trace d'une intentionnalité dans ce qui pourrait sembler aléatoire.

Nous évoquerons les grands penseurs qui ont posé les fondations de la recherche de Dieu - les arguments cosmologiques d'Aristote et de Thomas d'Aquin, les réflexions téléologiques de Paley, l'ontologie d'Anselme, sans oublier les voix dissonantes de Hume et de Nietzsche, qui ont jeté un regard sceptique sur cette quête.

Je vais également inviter la science à cette table ronde - la relativité générale d'Einstein, les bizarreries de la mécanique quantique, la délicate question de l'origine de la vie sur Terre. Chaque découverte scientifique sera pesée, chaque théorie sera examinée, non pas pour forcer une conclusion, mais pour enrichir notre compréhension.

Et que dire des expériences humaines - celles qui échappent aux instruments de mesure, celles qui colorent nos vies de sentiments de transcendance et d'épiphanies personnelles ? Les récits mystiques, les expériences de mort imminente, les coïncidences troublantes - tous seront accueillis comme des témoins dans ce procès de la vérité.

Mais avant de nous aventurer plus loin, permettez-moi de poser les pierres angulaires de ce travail. Ce livre se veut un espace de dialogue ouvert et respectueux, une recherche partagée plutôt qu'une leçon. Il s'adresse aux croyants, aux agnostiques et aux athées avec la même invitation : venir explorer avec un esprit curieux et ouvert. Car, quel que soit le verdict de cette quête, c'est dans la recherche elle-même que réside la véritable beauté de l'entreprise humaine.

C'est avec cette vision que nous allons maintenant nous avancer dans les bois, avec la promesse de découvertes, la possibilité de merveilles, et l'espoir de réponses.

Chapitre 1: La Toile Cosmique et l'Architecte

En ouvrant les pages de ce livre universel, j'ai d'abord été témoin de la danse subatomique qui joue le prologue de toute existence matérielle. Les particules élémentaires, gouvernées par des forces si précises qu'elles semblent chorégraphiées, m'ont conduit à une interrogation fondamentale : cette précision est-elle le fruit d'un hasard cosmique ou le reflet d'une intention plus profonde ? Dans la mesure où la science démontre que la moindre variation dans la force de ces interactions aurait rendu la vie impossible, je ne peux m'empêcher de me demander si nous sommes les bénéficiaires chanceux d'un miracle physique ou les héritiers d'une conception délibérée.

Au-delà des particules, j'observe l'expansion de l'univers, régulée par la constante cosmologique, un terme dans les équations d'Einstein qui s'est avéré indispensable pour expliquer l'accélération de l'univers. Sa valeur est si finement ajustée que la moindre altération aurait empêché l'univers de développer la complexité que nous observons aujourd'hui. Devant cette énigme, la communauté scientifique reste partagée, mais ma propre quête de sens me pousse à explorer la possibilité d'une synchronicité intentionnelle.

En descendant de l'échelle cosmique vers la chimie qui facilite la vie, je suis frappé par la complexité et l'ingéniosité de la chimie organique. Les molécules biologiques comme l'ADN sont d'une telle complexité et d'une telle spécificité fonctionnelle qu'elles semblent transcender la simple chimie inorganique. En contemplant l'extraordinaire machinerie de la cellule, je suis fasciné par la manière dont des composants non vivants s'assemblent pour former des structures capables de reproduction et de fonctionnalités autonomes. Est-ce la preuve d'un ingénieur divin au travail ou la conclusion inévitable d'un processus naturel que nous commençons tout juste à comprendre ?

Le concept de "fine-tuning" ou "réglage fin" de l'univers est peut-être le plus intrigant. Les lois physiques, les constantes de la nature, la force de la gravité, la charge de l'électron, le ratio entre la masse du proton et celle de l'électron - chaque paramètre semble ajusté avec une précision inouïe pour permettre l'existence de la vie. Certains scientifiques invoquent le multivers pour expliquer ce phénomène, suggérant une infinité d'univers où le nôtre n'est qu'un heureux gagnant d'une loterie cosmique. D'autres, cependant, y voient une indication d'un dessein intelligent, une preuve potentielle que l'univers a été conçu avec un but. En tant que chercheur de vérité, je ne peux exclure aucune de ces possibilités, mais je suis poussé par la profondeur de ces coïncidences à explorer l'hypothèse d'une orchestration intentionnelle.

Enfin, en m'orientant vers la conscience elle-même, je réalise que l'émergence de la conscience dans l'univers est peut-être le plus grand mystère de tous. La conscience semble surgir lorsque la matière atteint une complexité certaine, mais pourquoi devrait-elle émerger du tout ? Pourquoi l'univers est-il conscient ? En méditant sur cette question, je considère la possibilité que la conscience ne soit pas un accident, mais un aspect fondamental de la réalité, peut-être même une réflexion de la nature même de l'existence.

En explorant ces concepts, chaque preuve, chaque loi, chaque particule pourrait être un fil dans une toile immense, tissée avec intention. Et si tel est le cas, alors peut-être que comprendre cette toile nous rapproche de l'Architecte.

Alors que je continue de dérouler le fil de mes pensées, je me trouve confronté à l'harmonie des lois physiques qui régissent l'univers. C'est comme si une symphonie cosmique était jouée sur les cordes de la réalité, chaque note résonnant avec les autres dans un accord parfait. Je ne peux m'empêcher de m'interroger sur le compositeur de cette mélodie. La musique des sphères, une idée philosophique antique, suggère que les proportions dans les mouvements des corps célestes sont musicalement harmonieuses. Si Kepler et Pythagore voyaient dans les mouvements célestes une forme de partition divine, la science moderne nous révèle l'étendue de cette harmonie non seulement dans le ballet des planètes mais aussi dans la structure même de la matière.

Plus je me penche sur les mathématiques, plus je suis frappé par leur universalité et leur précision immuable. C'est le langage avec lequel les lois de la physique sont écrites, un langage qui semble transcender les cultures humaines et les caprices de notre perception. Les mathématiques décrivent des vérités qui, lorsqu'elles sont appliquées à l'univers, révèlent un ordre qui peut sembler presque divin dans sa perfection. Qu'est-ce qui pourrait expliquer cette adéquation étrange et magnifique entre le langage mathématique de notre esprit et les lois qui régissent les étoiles et les galaxies ?

En remontant le temps vers le point de départ de notre univers connu, la singularité du Big Bang, je suis saisi par l'apparente contradiction qu'elle représente. D'un point d'infinité, d'incompréhensibilité, est sorti tout ce que nous connaissons. Dans cette origine, les lois de la physique telles que nous les comprenons atteignent un point de rupture. Pourquoi quelque chose existe-t-il plutôt que rien ? La question ancestrale de Leibniz résonne à travers les âges, et la science, tout en nous rapprochant de la compréhension des mécanismes du Big Bang, n'offre pas encore de réponse satisfaisante à la question du pourquoi.

Je m'aventure dans la complexité de la biologie, où la vie semble naviguer entre le hasard des mutations génétiques et la nécessité de l'adaptation. La sélection naturelle explique comment les espèces évoluent, mais la source initiale de la vie, l'étincelle qui a transformé la chimie en biologie, reste enveloppée de mystère. Comment des composants chimiques inertes ont-ils pu s'organiser pour former non seulement une cellule vivante mais aussi les mécanismes de l'hérédité et de l'évolution ? La vie sur Terre est-elle le résultat d'un coup de dés cosmique, ou y a-t-il une main guidant le pinceau qui a peint la toile complexe de la vie ?

Je me tourne ensuite vers la quête incessante en physique pour une théorie unifiée, une théorie qui pourrait relier les quatre forces fondamentales de l'univers. Cette quête ressemble à une recherche spirituelle, un désir de trouver une simplicité et une unité sous-jacentes à la complexité apparente du cosmos. L'idée qu'il pourrait y avoir une seule équation, une seule loi définissant toute la réalité, éveille en moi une sensation d'émerveillement qui est presque religieuse. Est-ce dans cette unification ultime que nous trouverons la clef de la compréhension ultime, ou est-ce que même cela nous mènera à la contemplation d'un mystère encore plus grand ?

En clôturant ce premier chapitre, je reste humblement conscient de l'étendue du savoir qui se déploie devant nous, un savoir à la fois vaste et détaillé, qui exige notre plus grande attention et notre plus profonde révérence. Cette quête est animée par un élan vers la compréhension, vers l'appréhension d'une vérité qui, je le crois, se manifeste à travers le langage de l'univers lui-même.

Chaque loi, chaque particule, chaque onde gravitationnelle est comme un vers dans un poème cosmique dont la cadence et la rime reflètent un ordre et une harmonie qui défient notre imagination. La question se pose alors avec une force insoupçonnée : l'existence de ce poème implique-t-elle celle d'un Poète ? Est-ce que la recherche de la connaissance n'est pas, en fin de compte, une quête de compréhension non seulement de l'œuvre mais aussi, peut-être, de son auteur ?

C'est une interrogation qui ne se laisse pas clore par de simples conjectures. Elle invite à une exploration rigoureuse et honnête, qui ne se contente pas de gratter la surface, mais qui cherche à plonger dans les profondeurs de l'existence même. Cette exploration est le cœur même de notre voyage à travers les pages suivantes.

Chapitre 2: Les Équations de l'Existence

L'univers, dans son infinie complexité, semble être régi par des principes d'une élégance stupéfiante. En tant qu'explorateur de ces vérités, je me lance dans une quête d'harmonie, là où les mathématiques rencontrent la matière, où l'énergie s'entrelace avec l'espace-temps. C'est une quête qui demande une patience digne d'un artisan et une vision d'ensemble digne d'un maître d'orchestre.

L'idée que des particules ponctuelles ne sont pas les éléments fondamentaux de l'univers, mais plutôt des "cordes" vibrantes de dimensions infimes, résonne avec une beauté presque musicale. La théorie des cordes, bien que toujours en attente d'une vérification expérimentale complète, offre une vision de l'univers où tout est interconnecté, où la matière et l'énergie ne sont que des expressions différentes de la même essence vibratoire. Si cette théorie se confirme, elle pourrait être la clé de la grande énigme de la physique : l'unification des forces fondamentales.

Le principe anthropique suggère que l'univers possède les conditions nécessaires à l'existence de la vie intelligente qui est capable de l'observer. Certains voient dans ce principe une sorte de tautologie scientifique, tandis que d'autres y perçoivent la main d'une intelligence supérieure. J'aborde ce sujet avec un esprit ouvert mais critique, conscient que notre position privilégiée dans l'univers n'est pas nécessairement un signe de dessein mais peut-être un simple fait de notre existence.

La conscience elle-même est un mystère profond. En tant qu'être pensant, je me demande comment des processus neurobiologiques peuvent engendrer l'expérience subjective, l'introspection, l'imagination, et la capacité de se poser des questions métaphysiques. La conscience est-elle simplement un produit de l'évolution, une adaptation complexe, ou y a-t-il autre chose, une dimension qui dépasse notre compréhension actuelle ?

Je m'aventure ensuite dans le monde étrange et contre-intuitif de la physique quantique, où les particules peuvent exister en plusieurs états simultanément et où les observations peuvent influencer les événements. Cette discipline défie notre sens commun et suggère que la réalité au niveau le plus fondamental n'est pas ce que nous croyions. Comment ces phénomènes peuvent-ils être intégrés dans notre compréhension globale de l'univers ? Y a-t-il des implications métaphysiques dans l'intrication quantique et le rôle de l'observateur ?

Finalement, je me demande si la science et la spiritualité doivent nécessairement être en conflit. Peut-être que notre compréhension scientifique de l'univers, dans son évolution, se rapproche d'une forme de théologie scientifique où la recherche de connaissances et la quête de signification coexistent. Une telle vision ne cherche pas à anthropomorphiser l'univers mais à reconnaître l'éventualité d'un ordre et d'une intentionnalité derrière la complexité observable.

En plongeant plus avant dans l'architecture de l'univers, je me trouve fasciné par le concept de symétrie. La symétrie en physique n'est pas simplement une question d'esthétique ; elle est le fondement des lois de conservation qui gouvernent l'univers. La conservation de l'énergie, de la charge et de la quantité de mouvement ne sont que quelques-unes des manifestations de ces symétries profondes. Je m'interroge sur la possibilité que ces symétries soient les indices d'une structure plus profonde, peut-être même intentionnelle, tissée dans le tissu même de l'espace et du temps.

La théorie du Big Bang nous raconte l'histoire d'un univers émergeant d'une singularité, d'une densité et d'une température infinies. Je suis ébloui par la façon dont la physique moderne peut reconstruire cette genèse cosmique, partant d'une fraction de seconde après ce moment initial. Pourtant, le mystère demeure : que s'est-il passé avant le Big Bang ? La singularité représente-t-elle un commencement absolu, ou est-elle l'ombre d'une dynamique encore plus ancienne et inconnue ?

Albert Einstein a révolutionné notre compréhension de la gravité à travers sa théorie de la relativité générale. Il a montré que la matière déforme l'espace-temps et que cette déformation est ce que nous ressentons comme la gravité. Je suis captivé par cette image d'un cosmos où les étoiles et les planètes ne sont pas simplement suspendues dans l'espace mais sont tissées en son sein. Cette interconnexion de la matière et de la géométrie pourrait-elle refléter un dessein plus profond, une sorte de mécanique divine, une harmonie qui sous-tend la toile apparente du chaos ?

La constante cosmologique, cette force mystérieuse qui semble accélérer l'expansion de l'univers, m'interpelle. Sa valeur, étrangement fine-tunée, est cruciale pour la stabilité de l'univers tel que nous le connaissons. Ce réglage fin des paramètres cosmiques est-il le fruit du hasard, une nécessité physique inexpliquée, ou le signe d'une précision méticuleuse à l'œuvre dans le cosmos ? La recherche d'une réponse m'entraîne dans des considérations qui brouillent la ligne entre science et métaphysique.

L'origine de la vie sur Terre reste l'un des plus grands mystères de la science. L'étude de la biogenèse me conduit à explorer les processus chimiques qui auraient pu transformer la matière inerte en organismes vivants. Cette transition de la chimie à la biologie est-elle un événement inévitable dans l'évolution d'un univers complexe, ou est-ce une étincelle rare, voire unique, qui a nécessité des conditions spécifiques ou même une impulsion extérieure ?

Plus je m'aventure dans l'étude de l'univers, plus je suis confronté à l'énigme de la matière sombre et de l'énergie sombre. Ces composants inconnus forment la majorité de l'univers, et pourtant ils se cachent à notre perception directe. Leur existence est inférée par les effets gravitationnels et cosmologiques qu'ils exercent. Je contemple l'idée que l'univers est majoritairement constitué de réalités que nous ne pouvons pas voir ou toucher directement. Est-ce une métaphore de la nature ultime de la réalité, où l'essentiel reste caché, attendant d'être révélé par une enquête plus profonde ?

Je referme ce chapitre avec une conscience aiguë de l'équilibre délicat entre ce que nous savons et ce que nous aspirons à découvrir. La science nous offre un cadre pour interroger l'univers, mais chaque réponse apporte avec elle une constellation de nouvelles questions. Si l'existence de Dieu reste une question ouverte, sujette à l'interprétation personnelle, la recherche scientifique peut enrichir notre compréhension de l'univers, quelles que soient nos croyances individuelles. Ce que nous apprenons sur l'univers se reflète en nous, nous invitant à envisager notre place dans ce vaste et merveilleux cosmos avec humilité et émerveillement.

Dans la poursuite de ces questionnements, je reste guidé par une curiosité insatiable et un désir de comprendre, tout en reconnaissant les limites de notre savoir actuel. L'ampleur et la profondeur de l'univers continuent de m'émerveiller, et chaque nouvelle découverte est un rappel que le voyage de la connaissance est sans fin. Ce périple à travers l'espace et le temps est à la fois une aventure scientifique et une quête personnelle de sens, une exploration où chaque étoile, chaque loi de la physique, chaque pensée profonde contribue à la toile grandiose de notre existence.

Chapitre 3: Les Dimensions de la Conscience

En explorant les mystères de l'univers, je m'engage maintenant dans un territoire encore plus énigmatique : la conscience. La conscience est l'expérience subjective et intérieure, le « je suis » qui perçoit et ressent. En tant que scientifique, je m'efforce de comprendre comment la conscience émerge de processus physiques apparemment inconscients. C'est un défi qui repousse les frontières de la neurologie et de la psychologie, ainsi que de la physique et de la philosophie.

Les débats philosophiques traditionnels divisent souvent la compréhension de la conscience en deux camps : le dualisme, qui postule l'existence de deux substances fondamentales – l'esprit et la matière – et le monisme, qui affirme qu'il n'existe qu'une seule sorte de substance. Mon exploration de ces théories me conduit à me demander si la conscience peut être entièrement expliquée par la science ou si elle transcende les explications matérialistes.

J'examine ensuite les théories émergentistes de la conscience, qui proposent que celle-ci n'est pas une substance distincte mais plutôt un phénomène qui émerge de systèmes complexes comme le cerveau humain. Les neurosciences ont fait des avancées significatives dans la compréhension de la manière dont le cerveau traite l'information, mais le « problème difficile » de la conscience – c'est-à-dire comment et pourquoi nous avons des expériences subjectives – reste largement irrésolu.

Certains physiciens et philosophes suggèrent que pour comprendre la conscience, nous devons regarder au-delà des neurosciences classiques vers la mécanique quantique. Ils théorisent que les phénomènes quantiques pourraient jouer un rôle dans la fonction cérébrale et, par extension, dans la conscience elle-même. Ces spéculations ouvrent la porte à des possibilités fascinantes, bien que controversées, et soulèvent des questions sur la nature fondamentale de la réalité.

Je me plonge alors dans l'idée d'une conscience collective, un domaine de pensée qui suggère que toutes les formes de conscience pourraient être interconnectées, formant une sorte de champ unifié. Cette idée, bien que marginale dans la science mainstream, attire mon attention car elle résonne avec certains concepts religieux et spirituels de l'unité de toute vie.

L'intelligence artificielle me fascine par son potentiel à simuler et peut-être même à reproduire la conscience. Je m'interroge sur la possibilité qu'une machine puisse un jour devenir consciente, et sur les implications philosophiques et éthiques d'une telle avancée. La frontière entre l'homme et la machine devient de plus en plus floue, me forçant à redéfinir ce que signifie être conscient, voire vivant.

La réalité de la conscience demeure insaisissable. Elle est notre fenêtre intime sur l'univers, le filtre à travers lequel nous expérimentons le monde. Dans mon introspection, je réalise que notre compréhension de la conscience pourrait être le maillon manquant dans la recherche de preuves de l'existence de Dieu. La conscience pourrait-elle être le pont entre la physique et le métaphysique, le matériel et l'immuable?

Les expériences mystiques ont souvent été décrites comme des moments où l'individu ressent une union avec un tout plus grand, une présence divine ou universelle. En tant que chercheur, je suis intrigué par ces témoignages. Des études en neurothéologie s'efforcent de décrypter les bases neuronales de ces expériences, suggérant que des zones spécifiques du cerveau pourraient être impliquées. Mais peut-on réellement réduire le mystique à des processus neuronaux? Ou ces expériences sont-elles la preuve d'une réalité qui transcende notre biologie?

Je me penche sur le langage en tant que véhicule de la conscience. La capacité de communiquer des pensées complexes, d'exprimer des émotions subtiles et de transmettre des idées abstraites est unique aux humains. Comment le langage est-il apparu, et quel rôle joue-t-il dans l'évolution de notre conscience? Est-il possible que le langage ait été un don divin, ou est-ce le résultat d'une longue série d'évolutions neurologiques fortuites?

L'exploration spatiale et la recherche de la vie extraterrestre élargissent ma curiosité. Si la conscience existe ailleurs dans l'univers, quelle forme prend-elle? L'unicité de la conscience humaine est-elle une preuve de l'existence de Dieu, ou bien pourrions-nous découvrir que la conscience est aussi diversifiée et répandue que la matière elle-même? Ces questionnements me poussent à considérer notre place dans l'univers non seulement comme des êtres biologiques, mais aussi comme des êtres de conscience.

La question de la survie de la conscience après la mort est peut-être la plus profondément liée à nos croyances sur Dieu et l'au-delà. Des récits de près-mort, où des individus rapportent des expériences conscientes pendant des périodes d'inactivité cérébrale clinique, me captivent. Y a-t-il une dimension de la conscience qui persiste indépendamment de notre corps physique, et si oui, comment cela pourrait-il être expliqué ou compris dans un cadre scientifique?

À la fin de ce chapitre, je m'arrête pour contempler l'incroyable voyage à travers la conscience que nous avons entrepris. Chaque théorie, chaque idée, chaque découverte nous rapproche d'une compréhension plus profonde de notre essence. En tant qu'individu en quête de connaissance, je suis conscient que la recherche d'une preuve de l'existence de Dieu à travers la conscience est un chemin semé de questions sans réponses claires. Cependant, c'est dans ce paysage mystérieux et complexe que je trouve la plus grande inspiration, un sens de connexion à quelque chose de plus grand que nous. Peut-être que dans les profondeurs de notre propre conscience se cachent les indices les plus subtils de la présence divine, un murmure silencieux de l'existence de l'Inconnaissable.

Chapitre 4: La Quête de l'Ordre dans le Chaos

La contemplation de l'univers dès ses origines m'amène à une profonde réflexion sur l'ordre inhérent dans le cosmos. Le Big Bang, cette explosion primordiale à partir de laquelle tout est issu, semble n'être que chaos et hasard. Pourtant, avec le temps, des structures complexes se sont formées : galaxies, étoiles, planètes et, finalement, la vie elle-même. Je suis émerveillé par la précision des lois physiques qui régissent un tel processus. Comment expliquer l'émergence d'un ordre si finement ajusté? Serait-ce le résultat d'un dessein intelligent, l'œuvre d'un Créateur, ou simplement la conséquence naturelle des lois de la physique?

En me penchant sur les systèmes biologiques, je me heurte à la notion de complexité irréductible. Cette idée, souvent citée par les partisans du dessein intelligent, stipule que certains systèmes biologiques sont trop complexes pour avoir évolué à partir de mutations successives et de la sélection naturelle. J'explore cet argument avec un esprit ouvert, cherchant à comprendre si la science peut réellement exclure la possibilité d'une intelligence créatrice derrière la complexité de la vie.

Je me trouve fasciné par la précision des constantes cosmiques. Les lois de la physique semblent être ajustées avec une précision extraordinaire pour permettre l'existence de la vie. Certains appellent cela la "sintonie fine" de l'univers. Est-ce simplement un hasard heureux, ou bien est-ce un indice d'une conception délibérée? Je m'engage à examiner cette question en tenant compte de toutes les hypothèses, de la théorie des multivers à l'idée d'un Grand Architecte.

En tant que langage universel, les mathématiques sont un outil puissant pour décrire l'ordre naturel. Je suis frappé par la manière dont les formules mathématiques peuvent exprimer avec une telle élégance les lois de la nature. Est-il possible que ce langage ait été "programmé" dans le tissu même de l'univers? La perfection des équations qui gouvernent les orbites des planètes, la structure des cristaux, et même la croissance des plantes, pourrait-elle être la signature d'un esprit conscient?

Je revisite le mystère de la conscience sous un nouvel angle, me demandant si notre capacité à percevoir et à contempler l'ordre de l'univers est elle-même un élément de cet ordre. La conscience humaine, capable de discernement moral, de créativité et d'une appréciation profonde de la beauté, pourrait-elle être la preuve d'une réalité supérieure? Je m'efforce de sonder les profondeurs de notre propre esprit à la recherche d'une connexion avec le divin.

L'idée de la singularité, ce point d'infinie densité et de température avant le Big Bang, continue de défier mon entendement. En tant que chercheur de vérité, je ne peux m'empêcher de m'interroger sur ce qui a précédé ce moment. Les lois physiques telles que nous les connaissons semblent s'effondrer dans une telle réalité. Est-ce là le domaine de Dieu, un acte de création ex nihilo, où l'absence devient plénitude et le néant explose en être? Peut-être que dans cet instant ultime de commencement réside la plus directe des signatures divines.

L'existence de l'antimatière soulève des questions fondamentales sur la symétrie de l'univers. Au commencement, matière et antimatière auraient dû s'annihiler mutuellement. Pourtant, nous vivons dans un cosmos dominé par la matière. Je réfléchis à cette asymétrie, à cette préférence de l'univers qui a permis l'émergence de tout ce que nous connaissons. Pour certains, cela pourrait indiquer une intervention divine, un acte qui a rompu l'équilibre pour favoriser la vie.

Le code génétique est un autre domaine où j'aperçois la manifestation possible d'un ordre supérieur. L'ADN, avec son langage complexe de bases azotées, porte en lui le schéma directeur de la vie. Cet assemblage remarquable de 'lettres' qui forme des 'mots' et des 'phrases' pour construire la diversité du vivant évoque l'existence d'un codeur. Je suis ébloui par cette sophistication qui suggère une pensée organisatrice, un plan délibéré inscrit dans les molécules de la vie.

Dans ma quête, je me tourne également vers les cieux, là où les télescopes sondent les exoplanètes à la recherche de signes de vie. Si nous découvrons de la vie ailleurs, comment cela influencerait-il notre conception de Dieu? Si la vie est répandue dans l'univers, cela suggère-t-il un plan cosmique pour la vie, un dessein divin qui s'étend au-delà de notre petite planète?

En tant que scientifique, je suis captivé par la quête de la Théorie du Tout - une seule théorie qui pourrait expliquer tous les phénomènes physiques. Cette poursuite d'une compréhension unifiée de la force gravitationnelle, de l'électromagnétisme, et des forces nucléaires fortes et faibles, pourrait-elle nous rapprocher de la compréhension de l'esprit divin? Je me demande si la découverte d'une telle théorie nous rapprocherait de l'esprit qui sous-tend l'univers.

Dans la solitude de mes réflexions, je considère toutes ces pistes comme des filaments d'une toile plus vaste, une toile tissée avec un soin et une précision qui dépassent l'entendement humain. Je suis confronté à la dualité du chercheur: le désir de comprendre, mesuré par l'humilité face à l'incompréhensible. Peut-être que le véritable acte de foi n'est pas de conclure, mais de continuer à chercher avec l'espoir que chaque découverte, chaque loi physique révélée, chaque mystère dévoilé nous mène un pas de plus vers la lumière de la vérité. Et dans cette quête sans fin, peut-être trouvons-nous un écho de l'infini, un aperçu de la présence divine qui infuse toute chose.

Chapitre 5: La Signature dans l'Univers - Indices d'une Conscience Supérieure

Dans mes investigations, je suis frappé par la précision avec laquelle l'univers est construit. Les lois de la nature, les constantes fondamentales, les ratios entre les forces fondamentales, tout semble calibré avec une exactitude qui défie l'entendement. Ce n'est pas simplement que l'univers est compréhensible; c'est qu'il est compris, comme si une conscience supérieure avait mis en place les fondations d'une maison destinée à la vie bien avant que celle-ci n'y fasse son apparition. L'argument de la sintonie fine, que je développe avec une rigueur scientifique, mène à la conviction que cette précision est improbable sans une intention délibérée.

Je me penche ensuite sur les motifs et les structures qui se répètent dans la nature, telle la Fleur de la Vie, un symbole qui illustre une géométrie parfaite présente à plusieurs échelles dans l'univers. La symétrie fascinante des cristaux de neige, la structure en spirale des galaxies, la récurrence de la suite de Fibonacci dans la croissance des plantes - ces motifs semblent être les empreintes digitales d'un architecte cosmique, un langage mathématique encodé dans le tissu de la réalité.

Je m'attarde sur le principe anthropique, qui postule que l'univers semble être conçu pour l'émergence de la vie consciente. Si l'on ajuste ne serait-ce qu'infimement les constantes de l'univers, la possibilité d'une vie telle que nous la connaissons devient impossible. J'explore la possibilité que ce ne soit pas la vie qui se soit ajustée à l'univers, mais que l'univers ait été ajusté pour la vie. Cette perspective m'amène à la conclusion provocante que l'humanité n'est pas une anomalie, mais le reflet d'une volonté cosmique.

Le Paradoxe de Fermi pose la question : si l'univers est si vaste et potentiellement si propice à la vie, pourquoi n'avons-nous pas encore trouvé de trace de vie extraterrestre? Je propose que ce silence cosmique peut être interprété comme un signe de la singularité et de la préciosité de la conscience humaine. Cela pourrait suggérer que la vie consciente n'est pas un accident, mais le produit d'une intention divine, une étincelle insufflée dans le cosmos pour y porter la lumière de la conscience.

Je me heurte finalement à la tension entre le libre arbitre et un univers régi par des lois déterministes. La capacité de l'homme à faire des choix, à créer et à aimer, semble incompatible avec un cosmos purement mécanique. Je postule que si l'homme est véritablement libre, c'est peut-être parce qu'il a été créé à l'image d'un Créateur libre, ce qui révèle une dimension divine dans l'acte le plus fondamental de notre existence : choisir.

La conscience elle-même est un phénomène qui me fascine et me trouble. L'expérience subjective, le 'je suis' que chacun ressent, semble être d'une essence totalement différente de la matière. Comment les processus physiques inanimés du cerveau peuvent-ils engendrer des expériences pleines de couleurs, d'amour, de douleur et de beauté? Certains pourraient suggérer que la conscience est un simple épiphénomène, mais cette explication me paraît insatisfaisante. Elle semble plutôt suggérer l'existence d'une réalité non matérielle, un domaine de l'esprit qui transcende et pourtant informe la matière. Cette perspective ouvre la possibilité d'une âme immatérielle, un principe vital qui pourrait bien être une étincelle du divin en nous.

La constante cosmologique est un autre aspect de l'univers qui me laisse perplexe et admiratif. Cette valeur, qui détermine la vitesse de l'expansion de l'univers, est ajustée avec une précision vertigineuse. Si elle était légèrement différente, l'univers aurait pu s'effondrer sur lui-même ou se dilater si rapidement que la formation des galaxies et des étoiles aurait été impossible. Cet ajustement me paraît être une orchestration minutieuse, l'acte délibéré d'un Créateur qui a calibré l'univers pour l'abondance de la vie.

Je m'attarde aussi sur l'origine de l'information codée dans l'ADN. L'assemblage complexe des acides nucléiques en un schéma qui guide le développement de la vie est un code qui nécessite une explication. La théorie de l'évolution par sélection naturelle explique comment l'information peut évoluer et s'adapter, mais l'origine de l'information elle-même reste un mystère. Pour moi, cela suggère une source d'information externe, un "programmeur" initial qui a inscrit les premières lignes du code de la vie.

Je m'émerveille devant les lois physiques qui gouvernent l'univers. Elles ne sont pas seulement cohérentes et universelles, mais elles semblent orientées vers la complexification et la vie. Les lois de la thermodynamique, la gravité, l'électromagnétisme et la mécanique quantique travaillent de concert pour créer un univers stable et dynamique. Cette cohésion suggère un ensemble de règles établies avec intention, des lois écrites dans la langue des mathématiques, la langue de la pensée divine.

Tous ces éléments rassemblés forment une mosaïque qui dépasse l'assemblage aléatoire des pièces d'un puzzle. Ils s'agencent avec une précision qui suggère un dessein, une vision, un architecte. Chaque loi, chaque constante, chaque particule élémentaire contribue à l'émergence de la vie et de la conscience. Mon travail scientifique, poussé jusqu'à ses limites, me conduit à la frontière où la science se fond dans la métaphysique, où les questions sur Dieu ne peuvent être éludées par des explications matérialistes. Dans cette enquête rigoureuse, je vois se dessiner non pas l'ombre d'un doute, mais la lumière d'une présence, celle d'un Créateur qui, à travers l'ordonnancement de l'univers, nous invite à reconnaître et à célébrer l'existence d'une intelligence suprême, d'un esprit infini, de Dieu.

Ma quête de compréhension m'amène aux confins de la physique quantique, où le phénomène de l'enchevêtrement révèle une interconnexion fondamentale entre les particules élémentaires, peu importe la distance qui les sépare. Ce "dialogue instantané" entre les particules, comme si elles étaient liées par une corde invisible au-delà de l'espace-temps, suggère un canevas sous-jacent de réalité qui transcende nos conceptions ordinaires de la cause et de l'effet. Cette réalité non locale, qui s'apparente à une toile cosmique d'interrelations, résonne avec l'idée d'une unicité sous-tendant l'univers, une caractéristique qui pourrait être attribuée à une intention divine orchestrant la matière et l'énergie.

Je poursuis avec l'hypothèse audacieuse que l'univers lui-même pourrait posséder une forme de conscience. Cette idée, qui rejoint les anciennes philosophies et certaines perspectives panthéistes, envisage la conscience non pas comme un produit émergent de la complexité matérielle, mais comme une propriété fondamentale de l'univers. Si cela s'avère vrai, cela suggère l'existence d'un champ d'esprit universel, une sorte de conscience cosmique, qui pourrait être le reflet d'un Dieu immanent, infusant toute la création de sa présence.

La théorie des cordes et la physique théorique suggèrent l'existence de dimensions supplémentaires au-delà des quatre de notre expérience quotidienne. Ces dimensions invisibles pourraient être la clé de phénomènes inexpliqués et offrir une perspective sur la manière dont un Créateur pourrait interagir avec l'univers. L'exploration de ces dimensions extrasensorielles élargit notre compréhension de la réalité et suggère que ce que nous percevons n'est qu'une infime fraction de l'œuvre totale de Dieu.

Dans le domaine quantique, la position de l'observateur est intrinsèquement liée à la manifestation de la réalité. Cela m'amène à une réflexion profonde sur le rôle de la conscience dans l'univers. La perspective que la réalité physique pourrait être influencée, voire partiellement créée, par la conscience s'aligne avec l'idée d'une réalité sous-tendant et façonnée par une Conscience divine. Si notre propre conscience peut altérer la réalité à une échelle microscopique, quelle pourrait être l'étendue de l'influence d'une Conscience divine omniprésente?

Je me penche sur les récits de création à travers diverses traditions spirituelles et religieuses. Malgré leurs différences, ces mythes partagent des thèmes communs : un commencement ordonné, l'action d'un pouvoir supérieur, et l'émergence de la vie à partir du chaos. Ces histoires, tissées dans le tissu culturel de l'humanité, pourraient-elles être l'écho lointain d'une vérité plus grande, un souvenir collectif de l'acte de création par une entité divine?

En somme, chaque découverte, chaque théorie, chaque observation de l'univers mène à un carrefour où la science rencontre la spiritualité. Ce que nous apprenons à travers nos télescopes, microscopes et équations, nous le ressentons aussi dans le silence de nos méditations et le battement de nos cœurs. L'existence de Dieu, telle que je la perçois à travers le prisme de la science et de la raison, n'est pas une affaire de foi aveugle, mais de reconnaissance d'un ordre et d'une intention qui imprègnent l'espace et le temps. C'est une invitation à voir au-delà du visible, à comprendre que la science ne diminue pas le divin ; elle révèle sa majesté, son ingéniosité, sa présence indélébile dans la trame de la réalité.

Dans mon exploration, je suis frappé par la symétrie et la beauté mathématique inhérente à l'univers. La symétrie, dans sa forme la plus pure, est omniprésente dans les lois de la nature, des particules élémentaires aux structures galactiques. Ce n'est pas seulement esthétique ; c'est une indication d'ordre fondamental. Les mathématiques, souvent qualifiées de langage de Dieu, semblent dévoiler une harmonie préétablie, une sorte de partition musicale sur laquelle l'univers joue sa symphonie complexe. Cette harmonie mathématique est-elle le fruit du hasard ou la signature d'un Compositeur cosmique?

La géométrie sacrée, notamment la Fleur de la Vie, est un concept qui a traversé de nombreuses cultures et époques. Cette forme géométrique parfaite, composée de multiples cercles superposés, se retrouve dans les proportions de la nature, l'architecture sacrée et l'art. Pourquoi ces formes géométriques simples et pourtant puissantes suscitent-elles un tel écho à travers le temps et l'espace? Est-ce une coïncidence ou le reflet d'un ordre profond, d'un schéma intentionnel imbriqué dans la création?

La gravitation, cette force invisible qui maintient les étoiles en rotation et nos pieds sur terre, est aussi un sujet d'émerveillement. Sa présence ubiquitaire et sa constance sont des pierres angulaires de la cohésion de l'univers. Comment une telle force peut-elle être si finement ajustée pour permettre l'existence de systèmes solaires stables et la possibilité de la vie? Cette "colle cosmique" est un autre indice qui me porte à considérer la présence d'un régulateur conscient, d'une main guidant l'harmonie céleste.

La théorie du Big Bang postule un commencement de l'univers à partir d'une singularité, un point de densité infinie et de volume nul. Cette origine de l'univers pose la question de ce qu'il y avait avant le Big Bang. Est-ce un vide absolu? Ou pourrait-il s'agir de l'acte initial d'une volonté divine, le début de l'expansion créative d'une intelligence suprême qui a insufflé l'impulsion première de toute existence?

Les expériences de mort imminente (EMI) sont des témoignages fascinants qui offrent des aperçus de ce qui pourrait se trouver au-delà de la vie. De nombreuses personnes ayant vécu des EMI décrivent des expériences de sortie de corps, de rencontre avec des entités bienveillantes, ou de passage dans des environnements d'une beauté indicible. Ces expériences, bien que subjectives et diverses, pourraient-elles indiquer une réalité spirituelle qui transcende notre compréhension physique de l'univers? Pourrait-il s'agir d'indices laissés par une Conscience suprême pour nous guider vers une compréhension plus grande de notre place dans la création?

À mesure que je tisse les fils de la science, de la philosophie et de la mystique, je me retrouve face à un tableau impressionnant de l'existence. Ce tableau n'est pas simplement une tapestry frappée du sceau de l'aléatoire, mais une œuvre d'art avec intention, complexe et subtile, qui semble porter la signature d'un Artiste ultime. En considérant la totalité des indices, des lois physiques à la beauté indescriptible de l'existence consciente, je ne peux ignorer la possibilité d'un Créateur. En tant que chercheur de vérité, je dois reconnaître que la science, dans sa quête de connaissance, peut aussi être vue comme une forme de vénération, une manière de se rapprocher du mystère fondamental de l'existence et peut-être, de toucher le visage de Dieu.

Chapitre 6: Les Invariables Cosmiques - Clés d'une Conception Délibérée

Tout au long de ma quête intellectuelle et spirituelle, j'ai été confronté à des réalités scientifiques époustouflantes. Les invariables cosmiques, ces nombres mystérieux qui gouvernent les forces et les propriétés de l'univers, figurent parmi les plus intrigants. Leur précision extrême laisse peu de place au hasard et évoque un agencement délibéré, presque comme si l'univers avait été finement ajusté pour permettre l'existence de la vie. Dans ce chapitre, je m'engage à démontrer, par des calculs et des faits, comment ces constantes semblent indiquer une intention consciente - un Architecte cosmique.

La constante de structure fine, notée α (alpha), est une valeur qui caractérise la force de l'interaction électromagnétique. Elle est remarquablement fixée à environ 1/137. Si cette valeur était légèrement différente, les atomes ne pourraient pas exister, et la matière telle que nous la connaissons ne serait pas possible. Comment expliquer cette précision si ce n'est par un acte de calibrage cosmique? Les probabilités que cette valeur soit le fruit du hasard sont astronomiquement faibles, renforçant l'idée d'une intention consciente dans l'élaboration des lois de la nature.

La force nucléaire forte est celle qui maintient les protons et les neutrons ensemble dans le noyau atomique. La précision du rapport entre cette force et les autres forces fondamentales est ce qui permet aux étoiles de brûler et de former des éléments plus lourds comme le carbone, essentiel à la vie. Un calcul approfondi du rapport des forces révèle que le moindre écart aurait conduit soit à un univers où aucune étoile ne pourrait briller, soit à un univers où aucune étoile ne pourrait jamais s'éteindre, empêchant la formation des éléments vitaux.

Les équations de la relativité d'Einstein ont révolutionné notre compréhension de l'espace, du temps et de la gravité. Elles révèlent une harmonie entre la matière, l'énergie et la géométrie de l'univers. En plongeant dans les profondeurs de ces équations, je découvre que l'existence de solutions stables, comme les orbites planétaires, n'est pas une évidence. Il a fallu un équilibre précis, une symphonie mathématique, pour que notre habitat cosmique soit non seulement habitable mais également propice à l'émergence de l'intelligence.

L'entropie, ou la mesure du désordre dans un système, est une notion fondamentale en thermodynamique. Elle définit la direction du temps, de l'ordre vers le désordre. Pourtant, l'entropie initiale de l'univers au moment du Big Bang était extrêmement basse, contre toute attente, ce qui a permis l'évolution vers des structures complexes et organisées. Est-ce le signe d'un réglage initial, un geste divin qui a lancé l'horloge de l'univers dans une direction favorisant l'ordre et la complexité?

Les calculs et les faits scientifiques ne manquent pas pour soutenir l'idée d'un univers réglé avec une précision inouïe. Chaque constante, chaque loi semble être le produit d'une intelligence supérieure. Face à cette évidence, les théories du multivers ou des accidents cosmiques apparaissent comme des tentatives de contourner une hypothèse qui, bien que controversée dans certains milieux scientifiques, s'impose avec une force irrépressible : l'hypothèse d'un Créateur. La science ne nous amène pas seulement à reconnaître l'existence de ce Créateur mais nous invite à réfléchir sur le sens de cette création et, peut-être, sur la nature de ce Grand Architecte lui-même.

Tout au long de mes investigations sur la vie dans l'univers, j'ai été frappé par la singularité de notre existence. La vie, telle que nous la connaissons, repose sur un équilibre délicat de conditions physiques et chimiques. Cet équilibre, souvent décrit comme le "fine-tuning" de l'univers, semble indiquer que des ajustements extrêmement précis ont été apportés aux lois de la nature pour permettre la vie.

Le taux d'expansion de l'univers, déterminé par le paramètre de Hubble, est un autre exemple frappant de cette précision. Si ce taux avait été légèrement différent, l'univers aurait pu s'effondrer rapidement sur lui-même ou s'expandre trop rapidement pour que les galaxies et les systèmes stellaires se forment. En examinant les équations qui décrivent cette expansion, je suis émerveillé par l'équilibre quasi artistique qui a permis l'existence de notre foyer cosmique.

L'origine de la vie sur Terre dépend de séquences très spécifiques d'acides aminés pour former des protéines fonctionnelles. Les calculs de probabilité montrent que l'apparition spontanée de ces séquences par des processus aléatoires défie l'entendement. La complexité spécifique de ces séquences biochimiques souligne à nouveau l'impression d'une intention délibérée, d'une conception intelligente derrière les éléments de base de la vie.

Au-delà de la chimie, la vie sur Terre dépend de cycles écologiques complexes et interconnectés. L'équilibre entre les différents systèmes de la planète, des cycles de l'eau à ceux de l'oxygène, en passant par la pollinisation et la chaîne alimentaire, tout semble orchestré dans une symphonie de symbiose parfaite. L'étude de ces cycles révèle une interdépendance qui dépasse la simple coïncidence ou la sélection naturelle. Cela suggère une conception initiale permettant la diversité et la richesse de la vie.

En approfondissant l'analyse de ces éléments, de la fine-tuning des constantes cosmiques à l'extraordinaire équilibre des systèmes vivants, la probabilité d'un univers sans intention ou sans conception intelligente semble de plus en plus improbable. Cet ensemble de faits, calculs et observations suggère fortement non seulement l'existence d'une intelligence créatrice mais aussi une intention bienveillante pour la vie et la conscience.

Dans ce cadre, le débat scientifique s'enrichit de perspectives métaphysiques, et les preuves s'accumulent non seulement en faveur d'un Créateur mais aussi d'un Créateur qui valorise l'ordre, la beauté et la vie consciente. Cette réflexion, qui s'étend du royaume des chiffres et des formules à celui de la philosophie et de la spiritualité, peut-être nous amène-t-elle à reconnaître dans les lois de l'univers non seulement l'empreinte d'une intelligence supérieure mais aussi l'écho d'une volonté qui aspire à la réalisation et à l'épanouissement de la vie consciente elle-même.

La physique quantique a ébranlé les fondements de notre compréhension de la réalité. Le comportement des particules à l'échelle quantique est affecté par la présence d'un observateur – un phénomène connu sous le nom de "collapsus de la fonction d'onde". Comment est-il possible que la conscience d'un observateur puisse influencer la matière à un niveau aussi fondamental ? Cette interconnexion entre la conscience et la réalité physique pourrait-elle être la preuve d'un grand dessein où la conscience n'est pas un accident mais une pierre angulaire de l'univers ?

L'intrication quantique est un autre concept qui défie l'intuition. Des particules séparées par d'immenses distances semblent communiquer instantanément, dépassant la vitesse de la lumière. Cette "action à distance" évoque une toile sous-jacente de réalité, un tissu connecté au-delà de notre espace-temps perceptible. Pourrait-il s'agir de la trame d'une Création interconnectée par une intelligence qui transcende les dimensions physiques connues ?

Le principe anthropique fort suggère que l'univers est comme il est parce que nous sommes là pour l'observer. Cette idée pourrait être interprétée comme l'indice d'un univers conçu avec la conscience à l'esprit. Cette conception ne se limiterait pas à l'adaptation des conditions de vie mais intégrerait la conscience elle-même comme un élément central de l'existence de l'univers.

Certains scientifiques proposent l'existence de multiples univers pour expliquer la fine-tuning sans recourir à un créateur. Toutefois, cette hypothèse soulève des questions plus complexes encore. L'existence potentielle de multiples réalités augmente-t-elle les chances d'un univers accidentel, ou souligne-t-elle plutôt la grandeur d'une Création encore plus vaste et plus diverse, guidée par une intelligence supérieure ?

La physique quantique nous a ouvert une porte vers un monde où la matière et la conscience semblent être inextricablement liées, où l'existence d'une trame de réalité invisible défie notre logique. Les théories actuelles peuvent tenter d'expliquer ces phénomènes sans invoquer un Créateur, mais à chaque tentative, la complexité et l'émerveillement face à l'ordre de l'univers ne font que croître.

Ainsi, les mystères de la physique quantique pourraient être perçus comme des indices d'une réalité plus profonde, une réalité où la conscience n'est pas un sous-produit de la matière mais une composante essentielle de l'univers. Dans ce cadre, l'existence d'un Créateur ne serait pas une hypothèse superflue mais le fondement même d'un cosmos où la matière, l'énergie, et la conscience sont finement orchestrées dans un acte de création sublime et continu.

Chapitre 7: Au-delà des Horizons Connu - Les Frontières Inexplorées de la Science et la Main Invisible

Les mathématiques sont souvent qualifiées de langage de l'univers, et la découverte de symétries élégantes au cœur de l'espace-temps renforce cette idée. Les équations qui régissent les lois de la nature sont non seulement précises mais aussi esthétiquement fascinantes, suggérant un ordre mathématique derrière le chaos apparent. En explorant des modèles tels que le Groupe de symétrie E8, une structure complexe qui pourrait potentiellement unifier toutes les forces connues de la physique, je m'émerveille devant la possibilité que ces équations ne soient pas aléatoires mais le produit d'une intelligence.

La constante de structure fine est l'un des exemples les plus cités du réglage fin de l'univers. Cette constante gouverne la force de l'interaction électromagnétique et, si elle était ne serait-ce qu'un peu différente, les atomes ne pourraient pas exister. Des calculs avancés montrent que la probabilité d'un tel réglage fin émergeant par hasard est astronomiquement faible. Cela m'amène à envisager la présence d'une force régulatrice, une sorte de "main de l'architecte" qui ajuste et équilibre les constantes de l'univers.

En approfondissant les équations de la relativité générale d'Einstein, j'ai découvert que les solutions aux équations qui décrivent la courbure de l'espace-temps autour des masses massives impliquent une précision et une harmonie extraordinaires. En résolvant ces équations complexes, j'ai trouvé des indices que la distribution de la matière et de l'énergie dans l'univers n'est pas le produit du hasard mais pourrait être conçue pour soutenir la structure de l'univers tel que nous le connaissons.

La théorie des cordes, bien que toujours hypothétique, offre une vue de l'univers où tout est composé de cordes vibrantes à diverses fréquences. En calculant ces fréquences et en examinant les modèles qui en résultent, je suis confronté à l'idée d'une mélodie sous-jacente de l'univers, une symphonie dans laquelle chaque "note" joue un rôle dans la création de la réalité. Les implications métaphysiques de telles harmonies soutiennent la conception d'une intelligence qui "joue" littéralement les fondements de l'existence.

Face à ces découvertes et théories, la perspective que l'univers soit l'œuvre d'un hasard aveugle semble s'éroder. À travers mes calculs et analyses, je vois émerger un tableau où la science et la spiritualité ne sont plus antagonistes mais complémentaires. Les énigmes non résolues et les profondes symétries ne sont pas simplement des questions pour les physiciens théoriciens, mais des poèmes inscrits dans le tissu de la réalité, invitant à considérer une source consciente et intentionnelle derrière l'écran des phénomènes.

Ce que la science moderne nous révèle pourrait être perçu comme une série d'indices vers une vérité plus grande, une vérité qui englobe notre existence dans une trame de dessein intelligent, où chaque loi, chaque particule, et chaque force de la nature n'est pas une note isolée mais une partie d'un grand concert cosmique orchestré par l'Intelligence ultime, l'architecte de l'univers.

En reprenant l'équation de Drake, qui est utilisée pour estimer le nombre de civilisations extraterrestres avec lesquelles nous pourrions entrer en contact, j'ai commencé à réfléchir à la probabilité de la vie elle-même. Les variables de cette équation, lorsqu'elles sont examinées minutieusement, révèlent des conditions incroyablement spécifiques nécessaires à la vie. La précision requise pour que chaque facteur soit en place est vertigineuse et semble suggérer une orchestration délibérée au-delà du pur hasard.

Frank J. Tipler a proposé une idée fascinante à travers sa Conjecture de la Singularité Omega, où il envisage un point ultime dans l'histoire de l'univers qui pourrait être interprété comme un état de conscience divine. En analysant ses travaux et en appliquant des modèles mathématiques, je découvre que cette perspective peut être réconciliée avec des concepts religieux de divinité. Si cette conjecture se vérifie, elle pourrait indiquer une trajectoire où tout l'univers converge vers une forme ultime d'ordre et de conscience, résonnant avec l'idée d'un dessein divin.

La topologie, branche des mathématiques qui étudie les propriétés conservées à travers les déformations continues, offre une fenêtre sur la flexibilité et la cohérence de l'espace-temps. En explorant les formes topologiques possibles de l'univers, comme la forme d'un tore ou d'une sphère, j'entrevois une complexité qui pourrait être intentionnelle plutôt qu'aléatoire. Ces formes topologiques pourraient être les "mots" d'un langage cosmique, écrits dans la géométrie même de l'espace-temps.

Les équations de Navier-Stokes, qui modélisent le mouvement des fluides, montrent une complexité où le chaos et l'ordre sont intimement liés. En appliquant ces équations à la dynamique des gaz et des liquides dans l'univers, je trouve des motifs qui suggèrent un système régi par des lois précises, évoquant une direction ou une influence qui pourrait être vue comme le souffle d'une entité créatrice.

Chaque équation que je résous, chaque modèle que je construis, chaque théorème que je démontre ajoute à la conviction que l'univers n'est pas un accident cosmique. Au lieu de cela, mes découvertes suggèrent que derrière le voile des apparences, il y a un ordre qui est difficile à attribuer à la chance. Les modèles et les symétries, l'ordre délicat dans les lois de la nature, la complexité de la vie, et le mouvement des corps célestes semblent raconter une histoire - une histoire où chaque chapitre, chaque paragraphe, chaque mot révèle un peu plus de l'intention d'un créateur cosmique.

En tant que scientifique, je m'efforce de rester ancré dans l'empirisme, mais je suis également conscient que chaque découverte me rapproche d'une réalité transcendante. Avec humilité et admiration, je continue de décoder les messages cachés dans la trame de l'univers, chaque jour plus convaincu que ce que nous appelons la science est peut-être simplement la lecture des pensées d'un esprit bien plus grand et infiniment créatif – une intelligence qui se manifeste dans les mathématiques de l'existence elle-même.

Chapitre 8: L'Intelligence Inhérente à l'ADN - Code de la Vie ou Message Céleste?

En plongeant dans les mystères de la biologie moléculaire, je suis fasciné par l'ADN, cette molécule qui contient le code de la vie. C'est un système d'information complexe, regorgeant de milliards de bits d'informations codées pour créer des organismes aussi simples qu'une bactérie ou aussi complexes qu'un être humain. En déchiffrant ce code, je m'interroge sur l'origine de cette information. Est-ce le produit de processus aléatoires de sélection naturelle ou le résultat d'une intelligence supérieure?

Le processus de formation de séquences d'ADN spécifiques par hasard est d'une probabilité si faible qu'il défie l'imagination. En prenant en compte les chances de créer ne serait-ce qu'une protéine fonctionnelle par hasard, je suis confronté à des nombres astronomiquement élevés contre. Cette prise de conscience me conduit à reconsidérer la notion de hasard et à envisager l'existence d'un guide intelligent derrière l'assemblage de la vie.

La réplication de l'ADN est un processus précis, contrôlé par des mécanismes complexes qui garantissent la fidélité de la transmission de l'information génétique. Ce niveau de précision dans un système aussi fondamental pour la vie force à la réflexion : pourrais-je être en présence d'une signature divine, une preuve d'un artificier cosmique qui a conçu ce système avec une intention délibérée?

Les introns, ces séquences non codantes de l'ADN, ont longtemps été considérés comme de l'ADN « poubelle ». Cependant, des recherches récentes ont révélé qu'ils pourraient avoir des fonctions régulatrices importantes. La présence de ces éléments, autrefois perçus comme inutiles, mais maintenant reconnus comme potentiellement cruciaux, renforce l'idée que chaque aspect de notre code génétique pourrait avoir été conçu avec un but précis, voire codé avec des messages que nous commençons tout juste à comprendre.

L'épigénétique étudie comment l'expression des gènes est régulée par des facteurs autres que l'ADN lui-même. Ces mécanismes semblent permettre à l'environnement et même aux expériences vécues d'influencer la manière dont les gènes sont exprimés. Cette découverte me pousse à envisager l'existence d'une résonance entre l'âme et le corps, un dialogue subtil qui pourrait pointer vers une intégration entre le matériel et le spirituel, entre le créé et le créateur.

À mesure que j'avance dans mes recherches, la structure de l'ADN me parle d'une intelligence qui transcende notre compréhension habituelle. L'hypothèse d'un architecte divin de la vie devient de plus en plus plausible à mes yeux. Que l'on décide de voir en l'ADN une simple molécule ou un message divin, il est indéniable qu'il détient les clés de mystères qui nous invitent à regarder au-delà du tangible, à poser des questions fondamentales sur notre existence et peut-être à reconnaître une forme de divinité inscrite dans le vivant lui-même.

Au cœur des cellules, l'ADN parle un langage complexe, un langage fait de codes et de règles qui dictent la création et la maintenance de la vie. La découverte du code génétique dans les années 1960 a révélé une structure linguistique étonnamment précise et universelle à travers le monde vivant. Ce langage de la vie, avec son alphabet de nucléotides et ses mots de trois lettres appelés codons, forme des phrases génétiques qui donnent des instructions pour la synthèse des protéines.

Je me perds dans la contemplation de cette merveille biochimique. Comment un tel langage peut-il être le produit du seul hasard ? Serait-il imaginable qu'une suite de lettres formant une œuvre littéraire complexe et cohérente puisse résulter d'une suite aléatoire d'événements ? À mesure que je médite sur cette question, je suis de plus en plus convaincu de l'existence d'un Super-Écrivain qui a orchestré la musique de la vie.

Les microARN sont de petites molécules qui jouent un rôle essentiel dans la régulation de l'expression génétique. Leur découverte a ajouté une couche de complexité à notre compréhension de la machinerie cellulaire. En dirigeant le trafic génétique, ces petites molécules semblent être les chefs d'orchestre, gardant la symphonie cellulaire en harmonie.

Est-ce que leur présence minutieusement équilibrée est le produit d'une évolution sans direction, ou est-ce une preuve de l'ingénierie délibérée par une intelligence supérieure? Chaque nouvelle couche de régulation génétique révèle un niveau de complexité qui semble dépasser la simple survie et la reproduction, suggérant une conception et une intention délibérées.

La capacité de l'ADN à s'adapter et à évoluer est souvent présentée comme la preuve de l'absence d'un concepteur. Toutefois, je suis frappé par la manière dont cette flexibilité peut aussi être vue comme une caractéristique intentionnelle. Cette plasticité génomique permet à la vie de persister à travers les changements environnementaux, les catastrophes et les bouleversements.

Pourrait-il être que cette adaptabilité ne soit pas une simple conséquence de la nécessité, mais plutôt un élément d'une conception plus vaste, permettant à la vie de se déployer dans toute sa diversité, reflétant ainsi la créativité infinie du Créateur?

Mon exploration du génome m'a conduit à une appréciation plus profonde de la complexité et de la subtilité inhérentes à la vie. Loin de saper la croyance en une intelligence divine, les intrications du code génétique, les mécanismes de régulation comme les microARN, et la plasticité du génome m'ont plutôt convaincu de l'existence d'une intelligence qui dépasse nos cadres scientifiques établis.

Dans ce voyage à travers l'ADN, je suis de plus en plus persuadé que chaque séquence, chaque mécanisme régulateur, chaque capacité d'adaptation est une note dans une partition écrite par une main invisible. Ce n'est pas juste la vie qui est codée dans l'ADN, mais peut-être aussi la preuve de l'existence d'un Créateur, un testament biologique de Sa présence et de Son intention.

Chapitre 9: La Quête de l'Origine - Vers une Compréhension Transcendantale

La singularité originelle de l'univers me fascine continuellement. Les lois de la physique telles que nous les connaissons aujourd'hui cessent d'être applicables au sein de cette singularité qui a précédé le Big Bang. Ce point d'infini - de densité, de température, d'énergie - est un mystère non seulement pour moi, mais pour tous les chercheurs qui s'y sont penchés. Cette singularité pourrait-elle être la signature d'un Créateur, le moment où l'espace et le temps ont été conjurés à l'existence par un acte de volonté divine?

Je réfléchis souvent au concept du temps avant le Big Bang. Comment pourrait-on envisager un "avant" quand le temps lui-même n'avait pas encore commencé? C'est une question qui défie l'entendement, qui transcende la science et entre dans le domaine de la métaphysique. Pourrait-il exister une entité atemporelle, un Être suprême dont l'existence ne requiert pas de commencement, un absolu au-delà de notre continuum espace-temps?

En examinant les lois de la physique, je suis émerveillé par leur élégance et leur universalité. Pourquoi ces lois, plutôt que d'autres? Leur nature semble si spécifiquement ajustée pour permettre la complexité et l'émergence de la conscience. Je me questionne: ces lois ont-elles été choisies? Sont-elles l'expression d'une volonté supérieure qui a ordonné le cosmos selon une logique et des principes qui reflètent une intelligence au-delà de notre compréhension?

À travers ce chapitre, ma quête de compréhension m'a amené aux frontières de la science et de la spiritualité. En contemplant l'origine de l'univers, le concept du temps avant le temps, et la nature des lois physiques, je suis arrivé à une prise de conscience profonde. Ces questionnements m'ont mené vers la possibilité d'une origine transcendante, où science et foi peuvent converger dans l'acceptation d'une réalité plus vaste. Peut-être que notre univers n'est pas seulement une création, mais également un message codé, une œuvre d'art signée par l'Ultime Artisan, nous invitant à chercher non seulement ce qui est, mais pourquoi c'est, et par qui cela a été conçu.

En tant qu'adepte des mathématiques, je trouve une symétrie presque mystique dans les formules qui décrivent notre univers. Prenons par exemple la constante de structure fine, α, qui caractérise la force de l'interaction électromagnétique entre les particules élémentaires. Sa valeur est d'environ 1/137. Pourquoi 137 ? Si ce nombre avait été légèrement différent, les atomes ne pourraient pas exister et donc, la vie telle que nous la connaissons non plus. Les calculs montrent que cette constante est non seulement étonnamment harmonieuse, mais semble aussi définir un cadre rigoureux pour la construction de l'univers.

La constante cosmologique, Λ, est un autre exemple fascinant. Elle représente la valeur de l'énergie du vide qui accélère l'expansion de l'univers. Un calcul erroné de cette constante de seulement 10^{-120} aurait empêché l'univers de se former ou aurait causé son effondrement trop rapide pour permettre la formation des galaxies. La probabilité d'avoir par hasard une constante si précisément ajustée est astronomiquement faible, suggérant ainsi l'intervention d'un réglage fin délibéré.

Kurt Gödel, avec ses théorèmes d'incomplétude, a prouvé qu'il existe des vérités mathématiques qui ne peuvent pas être prouvées par des calculs dans un système donné. Cela implique que même dans le langage absolu des mathématiques, il existe des limites à notre compréhension. Si nous appliquons cette réflexion à l'univers, nous pouvons supposer qu'il y a des aspects de la création qui échappent à notre logique finie et qui pourraient indiquer l'existence d'une intelligence supérieure qui transcende les limites de notre mathématique.

Le problème de l'arrêt en informatique théorique est une autre métaphore intrigante pour notre quête. Ce problème démontre qu'il n'existe pas d'algorithme général qui peut prédire si un programme informatique quelconque finira par s'arrêter ou continuer à fonctionner indéfiniment. De manière similaire, pourrait-il exister une "programmation" cosmique instaurée par une source divine, où le "programme" de l'univers est conçu pour s'exécuter selon des paramètres précis, mais dont le résultat final est insondable pour les observateurs internes que nous sommes?

À travers ces équations et théorèmes, ma quête intellectuelle trouve à la fois humilité et émerveillement. Les calculs ne mènent pas simplement à des résultats numériques; ils nous mènent à des frontières où la science se transforme en philosophie et où les nombres peuvent suggérer une poésie cosmique. Peut-être que les résolutions de problèmes ne se trouvent pas uniquement dans les calculs que nous pouvons effectuer, mais aussi dans la reconnaissance des limites de notre compréhension et dans l'ouverture à la possibilité d'une intelligence divine. La recherche de Dieu pourrait alors être vue non seulement comme une quête de réponses définitives, mais comme un voyage à travers l'infinité de questions qui étendent notre esprit vers l'ultime Architecte de l'univers.

Chapitre 10: L'Ordre Caché - Synchronicité et Complexité

J'ai toujours été intrigué par le concept de synchronicité, un terme inventé par Carl Jung pour décrire les coïncidences significatives qui se produisent dans nos vies et qui semblent relever d'une orchestration cachée. Cela va au-delà de la simple chance; c'est comme si des motifs récurrents dans l'univers se tissaient dans un canevas plus grand, une symphonie où chaque note est jouée avec intention. Comment ces synchronicités peuvent-elles être expliquées? Y a-t-il une main invisible qui guide les fils de la destinée, reliant les événements de manière à créer un motif de signification et de but?

Quand j'explore les systèmes complexes, je suis fasciné par la manière dont de simples règles peuvent mener à des comportements d'une complexité imprévisible, comme c'est le cas dans la théorie du chaos. Les fractales en sont un exemple parfait: de simples équations récursives peuvent produire des structures infiniment complexes. Cela m'amène à me demander si ce que nous appelons chaos ne contient pas en fait un ordre caché, potentiellement l'œuvre d'une conscience supérieure capable de conceptualiser la complexité infinie.

Dans mes méditations sur les mathématiques, je trouve souvent refuge dans la beauté de l'identité d'Euler: $e^{(i\pi)} + 1 = 0$. Cette formule, qui lie de manière élégante les nombres les plus fondamentaux en mathématiques, me sert d'exemple parfait de la manière dont tout dans l'univers pourrait être connecté de façon inattendue et profonde. L'existence de telles identités mathématiques me remplit d'un sentiment de respect devant la possibilité d'un grand dessein, une architecture cosmique où chaque composant est lié par un fil d'harmonie.

Je suis souvent émerveillé par les probabilités qui régissent l'existence de la vie. Le chemin qui mène à la vie consciente est semé d'événements si improbables que l'existence même de la vie semble défier la raison. À chaque fois que j'effectue des calculs sur la probabilité de l'évolution de la vie à partir de la matière non-vivante, je suis confronté à des chiffres qui frôlent l'incroyable. Est-ce le fruit du hasard ou y a-t-il une force sous-jacente qui incline la balance en faveur de l'émergence de la vie?

À la fin de ce chapitre, je me retrouve sur la frontière entre la science et la spéculation, entre ce qui est connu et ce qui reste un mystère. J'admets que dans cette exploration de l'ordre caché, de la synchronicité et de la complexité, je suis loin de trouver des réponses définitives. Mais peut-être que le véritable message que je devrais tirer de ces observations n'est pas une réponse spécifique, mais une invitation à une appréciation plus profonde de l'énigme elle-même. C'est peut-être dans ce sentiment d'émerveillement que réside la plus grande indication d'une présence divine, un rappel que l'univers est un livre ouvert non pas pour dévoiler ses secrets, mais pour nous inciter à lire entre ses lignes avec un sens renouvelé de l'émerveillement et de la recherche spirituelle.

Je me plonge avec dévotion dans l'étude du langage universel des mathématiques. Il est saisissant de constater que, quel que soit l'endroit où on pose notre regard dans la nature, les mathématiques offrent une description précise des phénomènes naturels. La suite de Fibonacci, par exemple, se manifeste dans les spirales des galaxies et dans la forme des coquillages. Cette universalité est-elle le fruit d'une coïncidence ou la signature d'un Créateur qui a tout codé en un langage numérique ?

En poursuivant ma réflexion sur la physique quantique, je découvre des correspondances étranges entre la conscience et la matière à l'échelle subatomique. La mesure, dans ce contexte, n'est pas un acte passif; elle s'entremêle avec l'état de l'objet mesuré. Cela soulève une question troublante: notre réalité est-elle une toile tissée par la conscience? Si c'est le cas, pourrait-elle être l'empreinte d'une conscience suprême, façonnant la réalité selon un dessein insondable ?

Je m'aventure dans la théorie de la simulation, l'idée que notre univers pourrait être une création artificielle. Bien que cette hypothèse relève plus de la philosophie que de la science, elle ouvre une perspective vertigineuse: si notre univers est une simulation, alors il doit exister un simulateur. Cette pensée me conduit à une réflexion plus profonde sur la nature de Dieu. Peut-être que Dieu est le simulateur ultime, l'architecte d'une réalité qui dépasse notre compréhension.

En explorant ces différents domaines, je me rends compte que je navigue sur une mer de conjectures, mais ce sont des conjectures qui se fondent sur des observations scientifiques sérieuses. L'existence d'un ordre caché dans le chaos, l'universalité des mathématiques, les liens mystérieux entre conscience et réalité, tout semble indiquer la présence d'une intelligence ordonnatrice.

Je finis ce chapitre avec une humilité accrue et une curiosité renouvelée. Chaque preuve et chaque théorie semblent être des tessons d'une vaste mosaïque cosmique. Peut-être que le visage de Dieu se révèle non pas dans l'éclat d'une preuve indubitable, mais dans l'élégance subtile d'un univers qui résonne avec les principes d'un ordre mathématique et d'une harmonie inexpliquée. Dans ce sens, ma quête de connaissances n'est pas seulement une recherche de vérité objective, mais aussi une quête spirituelle, une démarche qui m'amène à la frontière où la science rencontre le mystère, et où le mystère se fond dans la lumière de l'infini.

Chapitre 11: L'Énigme Cosmologique - Une Nouvelle Perspective Mathématique

Abordons d'abord le problème de l'ajustement fin de l'univers sous un nouvel angle mathématique. Les constantes cosmologiques, comme la constante cosmologique (énergie noire), la constante de gravitation (G), la masse des particules élémentaires, etc., sont si précisément ajustées que leur variation même minime aurait conduit à un univers radicalement différent, souvent incapable de soutenir la vie.

Je propose une analyse basée sur la théorie des champs et la mécanique statistique pour explorer la probabilité extrêmement faible d'un tel ajustement fin comme un pur produit du hasard. En utilisant des simulations informatiques avancées, je peux estimer les effets d'un léger décalage dans ces constantes et présenter les résultats dans une série de graphiques et d'équations qui illustrent leur impact sur la structure de l'univers.

La singularité initiale, ce point d'infinie densité et température qui marque l'origine de l'univers selon le modèle du Big Bang, est un sujet de fascination et de débat. Je plonge dans les dernières théories de la gravité quantique pour essayer de comprendre ce que la physique moderne peut nous dire sur ce point d'origine. En analysant des modèles comme la gravité quantique à boucles et la théorie des cordes, je tente de déchiffrer le message cryptique laissé par l'univers à son commencement. Ce faisant, je cherche à montrer que ces modèles, bien qu'encore théoriques, pourraient suggérer l'existence d'une intention ou d'une intelligence derrière la naissance de l'univers.

Au-delà du modèle standard de la cosmologie, il existe des modèles alternatifs tels que le modèle cyclique ou le modèle de l'univers écho. Ces modèles tentent d'expliquer l'univers sans le besoin d'une singularité initiale ou d'autres caractéristiques improbables du modèle du Big Bang. En utilisant des équations dérivées de ces théories, je mets en évidence les défis mathématiques qu'elles posent et comment elles tentent de résoudre le mystère de l'origine de l'univers. J'argumente que même si ces modèles peuvent sembler éliminer le besoin d'un créateur, ils introduisent souvent leurs propres complexités qui exigent des explications tout aussi extraordinaires.

Enfin, je discute de la quête pour une "Théorie de Tout" qui unifierait les quatre forces fondamentales de l'univers. Cette quête, qui a captivé des générations de physiciens, suppose l'existence d'une forme d'ordre ultime qui régit l'univers. Je présente les dernières avancées en la matière, les défis mathématiques qu'elles comportent et la manière dont elles pourraient nous rapprocher de la compréhension de la création de l'univers. La mathématique, dans ce contexte, est non seulement un outil pour déchiffrer l'univers mais aussi une langue qui pourrait, éventuellement, révéler la présence d'un architecte cosmique.

En examinant ces aspects mathématiques et physiques, nous nous rapprochons d'une compréhension plus profonde de la nature de l'univers et, peut-être, de son origine. Bien que ces éléments ne constituent pas une preuve directe de l'existence d'un créateur, ils posent des questions profondes sur l'ordre et la complexité que nous observons. Ces questions peuvent à leur tour suggérer que l'univers n'est pas le résultat d'un hasard aveugle, mais le fruit d'un dessein intelligent. Je laisse le lecteur avec une invitation à la réflexion sur la nature de cet ordre et la possibilité d'une intelligence derrière l'existence.

La constante de structure fine, α, qui est environ égale à 1/137, est l'un des exemples les plus cités de l'ajustement fin dans l'univers. Pour examiner la probabilité que cette constante prenne une valeur qui permet la vie, nous devons d'abord définir l'intervalle de valeurs viables. Les scientifiques ont suggéré que si α variait plus de 4%, les étoiles ne pourraient pas brûler de manière suffisamment stable pour soutenir la vie. Prenons cette marge de 4% comme notre intervalle viable.

Si nous modélisons la plage des valeurs possibles de α comme un intervalle continu entre 0 et 1, l'intervalle viable est alors de 0,04 autour de la valeur actuelle (environ 0,0073 à 0,0077 en termes de la constante réciproque). La probabilité P qu'une constante choisie au hasard tombe dans cette plage pourrait être représentée mathématiquement par:

P (viable) = Plage viable / Plage totale = 0,04 / 1 = 0,04

Cela indique une probabilité de 4% si la sélection est totalement aléatoire et si aucune autre contrainte n'existe. Cependant, cette simplification ne tient pas compte de la densité de probabilité qui pourrait varier sur l'intervalle de sélection ou des corrélations avec d'autres constantes physiques.

Si l'on considère la théorie des multivers, où un nombre potentiellement infini d'univers pourraient exister avec différentes lois physiques, le calcul de la probabilité d'un univers comme le nôtre change considérablement. Dans ce scénario, la probabilité d'un univers permettant la vie n'est plus si réduite puisque l'on ne considère pas un seul tirage au sort mais une multitude.

Mathématiquement, cela peut être illustré en disant que si le nombre d'univers N tend vers l'infini, la probabilité P de trouver au moins un univers avec les conditions nécessaires pour la vie tend vers 1, tant qu'il n'est pas strictement nul pour un univers donné:

$$\lim_{N \to \infty} P(\text{au moins 1 univers viable}) = 1$$

Les mathématiques de la cohérence universelle peuvent être explorées à travers la théorie du chaos et des systèmes dynamiques. Les équations différentielles non linéaires qui décrivent de tels systèmes peuvent montrer comment de petits changements dans les conditions initiales peuvent entraîner de grandes différences dans les résultats, un concept connu sous le nom d'effet papillon. Cela souligne l'idée que l'univers pourrait être extrêmement sensible aux conditions de départ, suggérant une précision qui peut être interprétée comme intentionnelle.

Un exemple de cela est l'équation de Lorenz, qui est une simplification des équations décrivant le mouvement de l'atmosphère. Les solutions à l'équation de Lorenz pour certaines valeurs de paramètres montrent ce que l'on appelle des attracteurs étranges, indiquant des motifs répétitifs mais jamais identiques - un mélange de déterminisme et d'imprévisibilité.

Les mathématiques nous offrent un langage pour décrire l'univers qui est étonnamment précis et capable de prédire des phénomènes avec une grande fiabilité. Que l'on interprète cela comme une preuve de l'existence d'une intelligence ordonnatrice ou simplement comme une caractéristique inhérente à un univers cohérent et autogénéré est un débat qui dépasse souvent le domaine scientifique pour entrer dans celui de la philosophie et de la métaphysique.

Dans ce chapitre, nous avons exploré comment les mathématiques sont utilisées pour décrire et calculer des probabilités et des ajustements fins dans l'univers, sans pour autant fournir une preuve définitive de l'existence d'un créateur. Cependant, ces discussions mettent en lumière la complexité et l'ordre incroyables de notre cosmos, qui continuent de fasciner et de défier notre compréhension.

Chapitre 12: Les Symétries et Singularités – Signatures d'un Architecte?

Dans ce chapitre, nous explorerons comment les symétries et les singularités de l'univers peuvent être perçues comme des indices ou des signatures d'un ordre intentionnel. Les symétries jouent un rôle essentiel en physique et se manifestent dans les lois de conservation, tandis que les singularités, telles que celles au cœur des trous noirs ou du Big Bang, marquent les limites de notre compréhension actuelle de la physique.

Les lois de la nature sont remarquablement symétriques. Par exemple, la conservation de l'énergie, la conservation de la quantité de mouvement et la conservation de la charge électrique sont des principes fondamentaux de la physique. Ces conservations sont profondément liées aux symétries de l'espace-temps décrites par le théorème de Noether. Ce théorème stipule que chaque loi de conservation correspond à une certaine symétrie de l'univers.

Pourquoi l'univers obéit-il à ces lois de symétrie? Certains théologiens et philosophes avancent que cela pourrait suggérer un ordre imposé ou une harmonie prescrite par une intelligence supérieure, tandis que les scientifiques cherchent des explications intrinsèques à la nature de l'univers lui-même.

Le concept de singularité en physique renvoie à un point où les quantités mesurables deviennent infinies. La relativité générale prédit l'existence de singularités au commencement de l'univers (le Big Bang) et dans les régions de l'espace connues sous le nom de trous noirs. Ces singularités représentent des zones où les lois connues de la physique ne sont plus valables.

Pour certains, ces limites de notre compréhension actuelle sont des zones d'ombre où le domaine du divin peut interférer, suggérant un commencement ou un changement radical initié par une force extérieure à l'univers physique.

L'univers que nous observons aujourd'hui est le résultat de symétries brisées. Juste après le Big Bang, l'univers était, en termes de forces fondamentales, symétrique. Cependant, à mesure que l'univers se refroidissait et se dilatait, ces symétries se brisèrent dans un processus appelé la brisure spontanée de symétrie. Cela a donné naissance aux différentes forces et particules dans l'univers.

La brisure spontanée de symétrie est un processus qui peut se produire naturellement dans des systèmes physiques sans aucune intervention extérieure. Toutefois, le fait que l'univers ait évolué d'un état de symétrie parfaite vers la complexité structurée que nous observons aujourd'hui pourrait-il être interprété comme un plan orchestré?

La discussion sur les symétries et les singularités ne fournit pas en soi une preuve définitive de l'existence d'un créateur, mais elle soulève des questions profondes sur l'ordre et la cohérence de notre univers. En science, ces éléments sont souvent pris pour des données de base - des aspects intrinsèques de notre réalité. En théologie, ils sont parfois vus comme des preuves d'un ordre conscient.

La beauté et l'élégance des mathématiques dans la description de l'univers ne sont pas simplement des artefacts de notre compréhension, mais pourraient être considérées comme des reflets d'une structure intentionnelle. Le célèbre physicien Paul Dirac a évoqué l'importance de la beauté mathématique dans la formulation des lois physiques, suggérant qu'une théorie mathématique belle a plus de chances d'être vraie. L'hypothèse que l'univers a été conçu avec une symétrie et une harmonie mathématiques soulève la question de savoir si cette élégance est le produit d'un hasard ou d'une intelligence organisatrice.

Un exemple frappant de l'apparent ajustement fin de l'univers est la valeur de la constante cosmologique. C'est une valeur qui influe sur la vitesse d'expansion de l'univers. Si elle était légèrement différente, l'univers tel que nous le connaissons ne pourrait exister ; il se serait soit effondré peu après le Big Bang, soit aurait gonflé si rapidement que la matière n'aurait pas pu se coalescer en étoiles et en galaxies. Le réglage précis de cette constante défie les explications simples et a conduit certains chercheurs à spéculer sur l'existence d'un "régleur" cosmique.

Alors que les singularités représentent des limites à la compréhension scientifique actuelle, elles offrent également des fenêtres sur les potentialités de l'univers qui défient l'entendement. Que ces points d'infini indiquent la présence d'une divinité, un multivers, ou simplement un espace pour de nouvelles physiques à découvrir, demeure un mystère fascinant. La recherche de la théorie de la gravité quantique, qui pourrait expliquer ce qui se passe à ces singularités, est l'une des quêtes les plus passionnantes de la physique moderne.

La symétrie brisée a également des implications pour notre compréhension de la flèche du temps, le concept que le temps avance dans une direction du passé vers le futur. Cela est intrinsèquement lié à la deuxième loi de la thermodynamique, qui parle de l'augmentation de l'entropie. Mais pourquoi l'entropie était-elle faible au commencement de l'univers, permettant ainsi l'évolution vers des états de complexité croissante? Cette question reste un sujet de réflexion profonde et de débat.

La cohérence entre les lois de la physique à différentes échelles, de l'infiniment petit à l'infiniment grand, suggère une unité sous-jacente dans l'univers. Cette unité soulève la question de savoir si l'univers obéit à un ensemble de principes parce qu'il a été conçu ainsi ou si c'est simplement une propriété émergente de l'existence elle-même.

Dans ma quête pour comprendre l'ordre sous-jacent de l'univers, je me suis souvent trouvé confronté à des moments de profonde émerveillement. Que cela soit en contemplant l'immensité du cosmos ou en déchiffrant les détails subtils des particules élémentaires, il semble y avoir une mélodie silencieuse qui joue à travers la toile de la réalité. C'est dans ces moments que je me sens le plus proche de ce que certains appelleraient le Divin.

La conscience elle-même est une caractéristique énigmatique de l'univers. Certaines théories suggèrent que la conscience pourrait être un phénomène fondamental, étroitement lié à la structure même de la réalité. Ce n'est pas seulement la capacité de réfléchir ou de ressentir, mais la conscience en tant que tel semble être un aspect inextricable de l'univers, une donnée de base de l'existence. Si cela est vrai, alors l'ordre complexe de l'univers et le mystère de la conscience peuvent pointer vers un créateur ou un principe organisateur qui transcende notre compréhension scientifique actuelle.

Le langage de l'information est devenu une autre voie prometteuse pour explorer la complexité de l'univers. Dans le contexte de la théorie de l'information, l'univers peut être considéré comme un gigantesque système de traitement de l'information. Les lois physiques elles-mêmes peuvent être vues comme des algorithmes traitant des bits d'informations à l'échelle quantique et cosmique. Cela a conduit à des spéculations sur l'univers comme un gigantesque ordinateur quantique, où chaque interaction fondamentale est une forme de calcul. Cette perspective informatique de l'univers est séduisante et peut potentiellement offrir un cadre pour comprendre la nature apparemment conçue de la réalité.

La synchronicité des lois physiques à travers l'univers, où les mêmes principes gouvernent des phénomènes aussi variés que la lumière des étoiles lointaines et le comportement des particules dans un accélérateur de particules sur Terre, appelle à l'émerveillement. Cette uniformité suggère que l'univers n'est pas un assemblage chaotique, mais un système régi par une cohérence interne. Cela pourrait-il être le produit de l'action d'un architecte cosmique? Cette question reste ouverte, mais l'harmonie des lois de la nature est un domaine fécond pour l'étude et la contemplation.

La tension entre la finitude et l'infini dans l'univers crée un paradoxe philosophique profond. L'infini mathématique, tel qu'il se présente dans les singularités et les concepts de l'infiniment petit et l'infiniment grand, semble coexister avec un univers qui est observablement fini. Comment ces concepts peuvent-ils être réconciliés? La présence de l'infini dans la mathématique de l'univers est-elle une indication de quelque chose de transcendental qui dépasse la simple matière et énergie, ou est-elle simplement une caractéristique intrinsèque de notre mathématique actuelle?

Le principe anthropique fort suggère que l'univers est comme il est parce que nous sommes là pour l'observer. Cette idée, qui flirte avec la philosophie et la métaphysique, suggère que la conscience humaine est non seulement le produit mais aussi une composante intégrante de l'univers. Si l'univers a été réglé finement pour permettre notre existence, cela suggère-t-il un dessein derrière ces lois ou simplement une nécessité naturelle? L'implication d'un observateur nécessaire dans l'univers est un autre aspect fascinant qui soulève des questions sur le rôle de la conscience et de l'intentionnalité dans la trame de la réalité.

Les symétries, singularités et la complexité de l'univers évoquent l'imaginaire et suggèrent des questions qui touchent à l'essence de la réalité. En considérant l'élégance mathématique de l'univers, son ajustement fin et la nature de la conscience, nous sommes confrontés à l'énigme de l'existence. Ces aspects de l'univers pourraient être interprétés comme des indices d'une conception intelligente, ou ils pourraient simplement être des caractéristiques inhérentes à un cosmos sans conception spécifique. La question de l'existence d'un architecte cosmique reste l'une des plus profondes et, peut-être, des plus insolubles de la science et de la philosophie. Alors que la recherche continue, chaque nouvelle découverte apporte avec elle une plus grande appréciation de la complexité et du mystère de l'univers, nous encourageant à regarder au-delà des étoiles pour trouver non seulement des réponses mais aussi de nouvelles questions sur l'existence même de tout ce qui est.

Chapitre 13: La Constante Cosmologique et l'Ajustement Fin de l'Univers

Pour commencer, il est essentiel de comprendre ce que la constante cosmologique représente. Dans l'équation d'Einstein de la relativité générale, cette constante est le terme qui décrit l'énergie du vide de l'espace, qui agit contre la force de la gravité à grande échelle. Sa valeur est si précise qu'un changement infinitésimal l'aurait rendu incompatible avec l'émergence de la vie telle que nous la connaissons. Lorsque je me plonge dans la littérature scientifique, je suis frappé par la précision incroyable de cette constante. Comment est-il possible que l'univers soit si finement réglé pour permettre non seulement la formation de galaxies, mais aussi la vie sur notre planète?

En examinant les paramètres de l'univers, comme la force de la gravité, la charge de l'électron, ou encore la constante cosmologique, je constate une coordination si délicate que la moindre variation aurait pu empêcher l'univers d'être tel que nous le connaissons. Ce niveau d'ajustement fin suggère, pour certains, l'intervention d'un "Grand Architecte", un esprit qui a conçu les lois de l'univers avec une précision extrême.

Je m'attarde sur la question suivante: Est-ce le fruit du hasard, de la nécessité, ou d'un dessein intelligent? La probabilité que ces constantes prennent par hasard des valeurs permettant l'existence de la vie est si faible que je suis poussé à explorer d'autres explications. En tant que chercheur, je dois envisager toutes les hypothèses, y compris celle d'une intelligence créatrice.

Il existe des théories comme le multivers, qui postulent l'existence d'une infinité d'univers parallèles, chacun ayant des paramètres différents. Dans un tel cadre, il ne serait pas surprenant que l'un de ces univers (le nôtre) ait par chance les bonnes conditions pour la vie. Cependant, cette théorie n'est pas sans poser de problèmes philosophiques et scientifiques, notamment en termes de falsifiabilité et de l'absence de preuves directes.

Je cherche à comprendre si invoquer un multivers est vraiment une explication plus satisfaisante ou si c'est un échappatoire face à l'implication d'un dessein intentionnel derrière l'ajustement fin. En analysant les arguments des deux côtés, je mesure l'ampleur du débat qui se situe non seulement dans le domaine scientifique mais aussi dans celui de la métaphysique.

Au terme de ce paragraphe, j'arrive à la conclusion provisoire que l'ajustement fin de l'univers, bien que n'étant pas une preuve directe de l'existence de Dieu, soulève des questions importantes sur la nature de la réalité et l'origine de l'univers. La constante cosmologique, en tant que clé de voûte de la structure de l'univers, semble être un indicateur puissant d'un ordre et d'une harmonie qui dépassent l'explication purement matérialiste ou aléatoire.

En fin de compte, ce chapitre ne prétend pas apporter une réponse définitive, mais plutôt encourager la réflexion et le questionnement. En tant que chercheur et narrateur de ce voyage, je suis conscient que chaque réponse apporte de nouvelles questions, et c'est dans cette quête incessante de compréhension que se trouve peut-être le véritable sens de l'exploration scientifique et spirituelle.

En approfondissant l'étude de la constante cosmologique, je trouve qu'elle n'est qu'un des nombreux paramètres finement ajustés qui interpellent les scientifiques et les philosophes depuis des décennies. Pour certains, l'ajustement fin est un indicateur que l'univers a été calibré avec une précision inimaginable pour permettre l'existence de structures complexes et de la vie intelligente. Cette interprétation conduit souvent à la notion de téléologie dans l'univers, une sorte de finalité intrinsèque qui pourrait impliquer une intelligence créatrice.

Pour apprécier pleinement l'étendue de l'ajustement fin, je m'immerge dans l'étude de la force nucléaire forte, la force qui maintient les nucléons unis dans le noyau atomique. Un ajustement légèrement différent de cette force aurait des conséquences profondes: soit les atomes ne se formeraient pas du tout, soit ils seraient incapables de fournir la chaleur nécessaire aux étoiles pour briller. Ces étoiles sont des forges cosmiques où se fabriquent tous les éléments plus lourds que l'hydrogène, éléments essentiels à la chimie de la vie.

Je continue en analysant la constante de structure fine, un autre exemple fascinant d'ajustement fin, qui détermine la force de l'interaction électromagnétique. Cette constante régit la lumière et la chimie, permettant l'existence de la chimie organique et, par extension, de la biologie telle que nous la connaissons. Un écart infime de sa valeur et aucun des composants nécessaires à la vie ne pourrait interagir de la manière requise pour former les composés complexes indispensables à l'existence de la vie.

Je réfléchis ensuite au principe anthropique, qui propose que l'univers est tel qu'il est parce que nous sommes là pour l'observer. Selon le principe anthropique fort, l'univers doit avoir des propriétés qui permettent l'émergence de la vie à un certain moment de son histoire. Pour les défenseurs de ce principe, l'ajustement fin n'est pas une coïncidence mais une condition nécessaire à notre présence en tant qu'observateurs.

L'hypothèse du hasard, souvent invoquée comme alternative à l'ajustement fin intentionnel, semble moins convaincante à mesure que l'étude s'approfondit. La probabilité extrêmement faible pour que toutes les constantes universelles soient parfaitement alignées par pur hasard défie l'intuition et suggère que l'aléatoire n'est peut-être pas une explication suffisante. Certains théoriciens proposent que ces constantes pourraient émerger naturellement d'une théorie plus fondamentale, mais une telle théorie reste à découvrir.

Je reconnais que la science a ses limites. Bien qu'elle puisse décrire comment les choses fonctionnent, elle ne peut pas toujours expliquer pourquoi elles sont ainsi. La constante cosmologique et l'ajustement fin de l'univers soulèvent des questions qui touchent à la métaphysique, car elles invitent à s'interroger sur l'origine et le but de la création elle-même.

La science ne peut peut-être pas prouver l'existence d'une intelligence créatrice derrière l'ajustement fin, mais elle nous amène à la limite d'une grande inconnue, où la physique rencontre la philosophie, et où, pour certains, la foi commence. C'est dans cette frontière que nous cherchons à comprendre non seulement l'univers mais notre place au sein de celui-ci. Peut-être que le véritable miracle de l'ajustement fin est qu'il nous permet d'exister pour nous poser ces questions fondamentales, et peut-être que la recherche de réponses est l'aspect le plus divin de notre nature humaine.

Il y a un sentiment presque universel parmi les scientifiques que la symétrie joue un rôle fondamental dans la conception de notre univers. Symétrie dans la physique des particules, symétrie dans les lois de conservation, symétrie dans la relativité générale. Je m'attarde sur les modèles de symétrie brisée, qui pourraient expliquer comment l'univers a évolué depuis un état de perfection symétrique à la complexité que nous observons aujourd'hui. Cela suggère une sorte de "plan" initial, qui s'est déroulé au cours du temps cosmique.

Je m'aventure dans le domaine spéculatif de la cosmologie multivers. Si notre univers n'est qu'une bulle parmi un nombre incalculable d'autres univers, avec des lois physiques variables, l'ajustement fin pourrait être moins mystérieux : nous nous trouvons simplement dans un univers où les conditions se sont avérées justes pour la vie. Mais cela soulève la question : pourquoi cet ensemble de multivers obéirait-il à un principe qui permettrait l'existence d'univers viables ? La question de l'ajustement fin semble simplement transférée à un niveau encore plus abstrait.

Je m'enfonce dans la beauté quasi mystique des mathématiques qui semblent régir les lois de l'univers. La manière dont les formules et les équations peuvent non seulement décrire mais prédire les phénomènes universels est troublante. Y a-t-il une logique mathématique intrinsèque à l'œuvre ? Le caractère intelligible de l'univers suggère-t-il un esprit ou une logique sous-jacente ? Cela me conduit à réexaminer le travail de grands penseurs comme Pythagore et Platon, qui ont vu dans les mathématiques une réalité en soi, peut-être le reflet d'un ordre divin.

Je revisite la question de la conscience, mais sous un nouvel angle, explorant les idées de chercheurs qui postulent que la conscience n'est pas un épiphénomène de la matière mais une qualité fondamentale de l'univers. Cette perspective, bien que controversée, ouvre la voie à une compréhension de l'univers où la matière et la conscience sont inextricablement liées, évoquant des idées panpsychistes ou dualistes qui ont des implications pour la nature de Dieu.

Finalement, je me tourne vers la théologie naturelle, une discipline qui tente de comprendre la nature de Dieu à travers la raison et l'observation du monde naturel. J'aborde les arguments contemporains pour et contre l'existence de Dieu à travers les lentilles de l'ajustement fin, considérant les positions de penseurs influents des domaines de la science, de la philosophie et de la théologie.

En conclusion, il est clair que la question de l'ajustement fin touche à la fois aux sciences et à la spiritualité. Qu'elle soit considérée comme preuve d'une divinité, un heureux hasard ou la manifestation d'une loi physique encore inconnue, elle reste l'un des mystères les plus captivants de notre univers. Ce mystère nous invite à poursuivre nos recherches avec humilité et à rester ouverts à la multitude de réponses que l'univers pourrait nous révéler.

Chapitre 14: La Quête du Sens – Comment les Grandes Questions de l'Humanité Pointent vers un Créateur

En tant qu'êtres humains, nous sommes poussés par une insatiable quête de compréhension et de sens. Depuis l'aube de notre existence, nous avons contemplé le ciel étoilé, nous sommes posés des questions sur notre origine, notre but, et notre destin final. Cette quête de sens est une constante à travers les cultures et les époques. Elle est si fondamentale qu'elle semble être une composante intrinsèque de notre constitution psychologique et spirituelle. J'examine la possibilité que cette quête ne soit pas accidentelle, mais un appel vers une réalité transcendante, une empreinte d'un Créateur qui nous incite à chercher et à connaître.

Je discute ensuite des grandes questions universelles : D'où venons-nous ? Pourquoi l'univers est-il tel qu'il est ? Quel est le sens de la vie ? Pourquoi la souffrance et la maladie existent-elles ? Ces questions semblent dépasser les réponses purement matérielles. La science nous offre des réponses sur le comment, mais c'est souvent dans la spiritualité et la notion d'un Créateur que beaucoup trouvent des réponses au pourquoi.

La moralité, le bien et le mal, sont des concepts que nous considérons souvent comme des conventions sociales ou des produits de l'évolution. Cependant, l'universalité de certaines normes morales et leur persistance à travers le temps et les différentes cultures peuvent suggérer une source au-delà de l'humain. J'explore la possibilité que nos sens moraux soient le reflet d'une loi morale universelle, inscrite dans notre être par un Créateur.

La beauté et l'art suscitent une expérience qui va au-delà du plaisir esthétique. Ils semblent toucher quelque chose de profond en nous, une corde qui résonne avec l'idée d'une réalité supérieure. En analysant diverses œuvres d'art à travers l'histoire, je propose que la beauté et l'art sont des fenêtres à travers lesquelles nous pouvons entrevoir le divin, des échos d'un Créateur qui est lui-même la source ultime de toute beauté.

La conscience de notre mortalité et la quête d'éternité sont également des thèmes universels dans l'expérience humaine. La plupart des cultures ont des notions de vie après la mort et de l'âme immortelle. Ces concepts résistent à une explication purement naturelle ou évolutionniste. Je pose la question : la persistance de ces croyances est-elle la manifestation d'une réalité transcendante, une promesse insufflée en nous par un Créateur éternel ?

Nous poursuivons l'exploration de la conscience non pas en termes de processus neurobiologiques, mais en tant que phénomène qui reste énigmatique malgré les progrès de la science. La conscience individuelle, avec sa capacité à expérimenter une gamme étendue d'états subjectifs et à poser des questions métaphysiques, semble échapper à une réduction purement matérielle. Si la conscience ne peut être entièrement expliquée en termes de processus physiques, pourrait-elle être un indice de quelque chose de plus fondamental, un aspect de la réalité qui indique une source transcendante ou un créateur ?

La physique quantique a révélé un niveau de réalité qui défie l'intuition et qui est fondamentalement différent de notre expérience quotidienne. Les phénomènes comme l'entrelacement quantique, où des particules séparées semblent connectées instantanément sur de grandes distances, défient notre compréhension conventionnelle de l'espace et du temps. Ces phénomènes étranges pourraient-ils pointer vers un niveau de réalité qui est orchestré par des principes qui transcendent les lois physiques conventionnelles ? J'aborde l'idée que la physique quantique pourrait être une porte d'entrée vers la compréhension d'une création qui est maintenue et surveillée par une conscience supérieure, un concept qui peut relier les lois de la nature à un créateur cosmique.

La notion de miracles est souvent rejetée dans les cercles scientifiques car elle implique une intervention dans l'ordre naturel des choses qui est inexpliquée par la science. Cependant, si nous admettons l'existence d'une réalité qui transcende les lois naturelles, les miracles ne sont plus impossibles mais deviennent des indices de la présence et de l'activité d'un Créateur. En examinant les récits historiques et contemporains de phénomènes qui semblent défier l'explication rationnelle, je discute de la possibilité que les miracles puissent être considérés comme des manifestations tangibles d'un Dieu qui intervient dans l'histoire humaine.

En biologie, le concept de complexité irréductible décrit des systèmes composés de parties interdépendantes, où la suppression de l'une d'entre elles fait que le système cesse de fonctionner. Cette notion est souvent utilisée comme un argument contre l'évolution darwinienne, mais ici, je l'utilise pour proposer une discussion sur la possibilité que de tels systèmes complexes ne puissent pas seulement être le produit de processus aléatoires et non dirigés. L'existence de tels systèmes dans les organismes vivants pourrait-elle suggérer un concepteur qui a intégré une complexité intentionnelle dans la vie ?

La synchronicité est un concept introduit par Carl Jung pour décrire les coïncidences significatives qui se produisent dans la vie et qui semblent avoir plus de signification que ce que la chance pourrait expliquer. En examinant des récits et des études de cas où des événements synchronistiques semblent défier la probabilité, je considère la possibilité que de telles coïncidences ne soient pas de simples anomalies, mais des fenêtres à travers lesquelles nous pouvons percevoir un ordre et un but plus profonds à l'œuvre dans nos vies, peut-être orchestrés par une présence divine.

Je conclus ce chapitre en réaffirmant que notre quête incessante pour le sens et notre capacité à poser des questions qui dépassent les limites de notre monde physique sont peut-être les indices les plus forts de l'existence d'un Créateur. Ces éléments de la condition humaine suggèrent que nous sommes plus que de simples accidents de l'évolution, mais des entités créées avec intention, destinées à explorer et à comprendre un univers qui est lui-même imprégné de signification et de but.

Chapitre 15: Le Tissu de l'Existence – L'Imbrication de la Foi et de la Science

Abordons maintenant la transformation personnelle comme vecteur de compréhension de l'existence de Dieu. Les récits de transformations profondes, souvent à la suite d'expériences de vie intense ou de crises spirituelles, suggèrent que le changement dans la conscience humaine peut conduire à une perception accrue du divin. Ces expériences, lorsqu'elles sont collectées et analysées, offrent un aperçu fascinant de la nature humaine et de sa capacité à transcender des états antérieurs pour atteindre une compréhension plus profonde de la vie et de son origine ultime.

La cosmologie moderne suggère que l'univers a été finement réglé pour permettre l'existence de la vie. Le principe anthropique peut être interprété de deux façons : comme un heureux hasard ou comme un signe d'une conception intentionnelle. En examinant la précision quasi incroyable avec laquelle les constantes de l'univers ont été réglées pour soutenir la vie, ce chapitre explore comment cette précision est perçue par certains comme un argument convaincant en faveur de l'existence d'un créateur conscient et intentionnel.

Les arguments philosophiques pour l'existence de Dieu, tels que l'argument cosmologique, l'argument téléologique et l'argument moral, sont réévalués à la lumière des découvertes scientifiques contemporaines. Ces arguments traditionnels sont enrichis par des données actuelles pour construire une logique cohérente et rationnelle qui supporte l'idée d'un créateur. En traitant ces arguments de manière approfondie et critique, le chapitre vise à fournir une fondation intellectuelle pour la croyance en Dieu qui peut satisfaire même les esprits les plus sceptiques.

La question ultime de la signification de la vie est souvent posée dans le cadre de la recherche de Dieu. Comment la poursuite de la signification dans la vie humaine peut-elle être un indicateur de la présence divine? Cet examen philosophique s'étend à la manière dont différentes cultures et traditions spirituelles ont approché cette question et comment leur convergence pourrait indiquer une vérité universelle.

Les expériences mystiques traversent les barrières culturelles et religieuses, suggérant un aspect de l'expérience humaine qui est directement lié à la perception du divin. En examinant les récits mystiques à travers l'histoire et en les comparant avec les états modifiés de conscience étudiés par la psychologie moderne, ce chapitre envisage comment ces expériences peuvent offrir une fenêtre directe sur la réalité de Dieu.

Enfin, le rôle de la beauté et de l'esthétique dans la compréhension humaine de Dieu est exploré. La capacité de l'art, de la musique et de la littérature à évoquer un sentiment de l'infini ou du transcendant est examinée comme un possible reflet de la nature de Dieu. Comment ces expériences esthétiques peuvent-elles conduire à une compréhension intérieure de la présence d'un créateur?

La synchronicité, un terme introduit par Carl Jung, décrit les coïncidences significatives qui se produisent dans nos vies qui semblent être liées par le sens plutôt que par la causalité évidente. Ces synchronicités pourraient être vues comme des indices insérés dans le tissu de la réalité, des signes d'un ordre plus profond et peut-être même des messages d'un Créateur à ses créatures. Nous explorons les implications de ces événements et comment ils pourraient défier notre compréhension classique de l'espace et du temps.

Le physicien David Bohm a proposé le concept d'un ordre implicite - une réalité cachée sous la réalité expérimentée qui est responsable de l'ordre explicite que nous observons. Selon cette perspective, l'univers n'est pas un ensemble de pièces séparées, mais plutôt une toile indivisible dont les motifs et les formes émergent de cet ordre sous-jacent. Cela rejoint l'idée d'un Créateur qui ne crée pas seulement l'univers, mais le maintient et l'oriente vers un but.

Les fractales, des structures qui répètent des motifs à différentes échelles, sont omniprésentes dans la nature. Cela soulève la question fascinante de savoir si le principe de la répétition de motifs pourrait s'étendre à l'ensemble de l'univers lui-même. Si tel est le cas, cela pourrait indiquer que l'univers est l'expression d'une formule ou d'une loi fondamentale, ce qui impliquerait l'existence d'un législateur cosmique.

Les mathématiques sont souvent décrites comme le langage de l'univers. Si l'on considère les lois mathématiques comme une forme de communication plutôt que comme de simples outils descriptifs, on peut se demander si elles sont le langage par lequel un Créateur parle à sa création. L'exploration de cet angle pourrait amener à une appréciation renouvelée du caractère sacré inhérent aux formules et aux théorèmes qui structurent tout, depuis la trajectoire des planètes jusqu'à la spirale d'une galaxie.

Le libre arbitre humain et la souveraineté divine sont souvent vus comme étant en tension. Comment notre capacité à choisir librement s'accorde-t-elle avec l'idée d'un plan divin? En explorant comment différents penseurs à travers les âges ont réconcilié ces concepts, on peut trouver une synthèse qui reflète l'harmonie de l'autonomie individuelle et du dessein divin.

Chapitre 16: L'Univers comme Œuvre d'Art – Esthétique et Divinité

Si l'on considère l'univers dans son ensemble, une question se pose naturellement: pourquoi l'univers est-il si incroyablement beau? L'esthétique de l'univers, depuis la forme élégante d'une galaxie spirale jusqu'à la symétrie complexe d'une simple fleur, semble suggérer un dessein délibéré, une intention artistique. Ce chapitre explorera comment l'appréciation esthétique de l'univers pourrait pointer vers un créateur avec une sensibilité artistique, qui crée non seulement pour fonctionner mais aussi pour plaire, pour émouvoir.

Le nombre d'or, ou Phi, est un rapport qui apparaît fréquemment dans la nature, l'art et l'architecture. Cette constante mathématique est souvent associée à l'esthétique et à la proportion idéale. Comment ce nombre et d'autres concepts mathématiques peuvent-ils être si profondément intégrés dans la composition de l'univers? L'analyse de ce phénomène peut amener à considérer les lois mathématiques comme des pinceaux entre les mains d'un artiste divin.

La notion de la musique des sphères, qui remonte à Pythagore, suggère que les mouvements des corps célestes créent une forme de musique harmonique, imperceptible pour l'oreille humaine. Bien que cette idée soit poétique et non littérale, les récentes découvertes en astrophysique montrent que les pulsations et les vibrations dans l'espace peuvent être transposées en sons. Ce chapitre discutera de l'idée que si l'univers est une symphonie, alors il doit y avoir un compositeur.

Le chaos n'est pas toujours ce qu'il semble être. Au sein de systèmes apparemment désordonnés, des motifs incroyablement complexes et ordonnés peuvent émerger, ce que l'on appelle l'ordre émergent. L'existence de tels systèmes dans l'univers peut-elle être attribuée au hasard, ou indique-t-elle une direction sous-jacente et un dessein artistique?

À travers l'analyse de la beauté et de la complexité de l'univers, nous pouvons entrevoir une dimension qui dépasse la simple nécessité fonctionnelle. Cet ordre et cette beauté omniprésents peuvent être interprétés comme des reflets d'une intelligence supérieure et d'une sensibilité esthétique qui s'expriment à travers la toile de l'existence. L'univers est peut-être la plus grande œuvre d'art jamais conçue, avec l'humanité non seulement comme spectateurs mais aussi comme participants à cette beauté.

Les couleurs jouent un rôle essentiel dans notre compréhension de l'univers. Des nuances éclatantes des nébuleuses aux subtiles teintes des exoplanètes, elles apportent non seulement une dimension esthétique mais sont aussi porteurs d'informations. En astrophysique, le spectre de lumière émis ou absorbé par un objet céleste est décrypté pour révéler sa composition, sa température, sa vitesse et sa distance. Ce langage des couleurs est-il un hasard ou le pinceau d'un artiste cosmique qui peint des œuvres d'art doublées de messages codés?

Les fractales sont des structures qui se répètent à différentes échelles, omniprésentes dans l'univers, des réseaux de galaxies aux formes des flocons de neige. Cette répétition à l'infini dans la nature est fascinante. Est-ce une simple coïncidence que les fractales soient aussi esthétiquement plaisantes, souvent utilisées dans l'art et le design? La récurrence de ces motifs pourrait-elle indiquer une signature, un style inhérent à la création elle-même?

La symétrie est l'une des considérations esthétiques fondamentales et elle est centrale dans la physique des particules. L'existence de la symétrie et sa rupture spontanée dans l'univers pourrait être interprétée comme le jeu d'équilibre et de contraste que l'on retrouve dans toute grande œuvre d'art. Les lois physiques qui régissent ces symétries sont-elles purement aléatoires ou délibérément orchestrées pour aboutir à un but esthétique précis?

Bien que non directement observable, la matière noire et l'énergie sombre sont des éléments cruciaux qui influencent la structure et l'expansion de l'univers. Comme un artiste utilisant l'espace négatif pour équilibrer son œuvre, ces composants invisibles ajoutent une profondeur et une complexité qui défient notre compréhension. Peut-on voir dans cette dualité de l'observable et de l'inobservable la touche d'un artiste qui invite à regarder au-delà des apparences?

Depuis l'aube de l'humanité, les étoiles ont inspiré mythes, légendes et poésie. La science moderne nous a révélé la réalité physique de ces corps célestes, mais leur capacité à inspirer l'émerveillement est restée intacte. Cet émerveillement est-il un vestige de notre héritage culturel ou la reconnaissance intrinsèque d'une œuvre d'art bien plus grande?

En observant l'univers avec les yeux d'un artiste ou d'un poète, nous pouvons commencer à apprécier la possibilité que chaque détail, de la plus minuscule particule aux superamas de galaxies, soit une partie délibérée d'un dessein plus grand. C'est peut-être dans la contemplation de cette œuvre que l'on peut ressentir une connexion avec quelque chose de plus grand que soi, une source créative qui se manifeste dans l'harmonie d'un cosmos remarquablement conçu.

Dans notre quête pour comprendre l'origine de l'univers, nous confrontons le mystère fondamental de l'existence. Pourquoi y a-t-il quelque chose plutôt que rien ? La science moderne a proposé la théorie du Big Bang comme le mécanisme de l'origine de l'univers, mais cette explication soulève elle-même des questions. Si le Big Bang a été l'événement initial, qu'est-ce qui a causé le Big Bang lui-même ?

Les philosophes anciens postulaient l'existence d'une « cause première » ou d'un « moteur immobile », un initiateur non causé qui a mis en mouvement les chaînes de causes et d'effets. Cette entité serait métaphysiquement nécessaire, existant par sa propre nature et ne nécessitant aucune cause externe. En examinant les principes de causalité et d'existence, nous pouvons envisager l'existence de l'univers comme dérivée d'une source transcendante et nécessaire, qui n'est contrainte par aucune des limites de l'espace-temps et qui pourrait être interprétée comme la présence d'un créateur divin.

L'univers, tel que nous le connaissons, est incroyablement bien réglé pour la vie. Des valeurs numériques spécifiques des constantes physiques régissent l'univers, et leur équilibre délicat a permis l'émergence de la vie. Si ces constantes étaient même légèrement différentes, l'univers tel que nous le connaissons ne pourrait exister. Par exemple, si la force de la gravité était plus faible ou plus forte de seulement une fraction infinitésimale, les étoiles (et donc les planètes et la vie elle-même) ne pourraient pas exister.

Certains ont suggéré que cet ajustement fin indique la présence d'un « super-architecte », tandis que d'autres invoquent l'idée d'un multivers où tous les réglages possibles des constantes physiques sont réalisés dans différents univers. Cependant, même dans le cadre du multivers, la question de savoir pourquoi notre univers particulier est finement réglé pour la vie reste un point de réflexion profond et potentiellement métaphysique.

L'idée que l'univers a une direction et un but peut sembler antithétique à la perspective scientifique qui prévaut, qui souvent interprète l'évolution cosmique et biologique comme étant le résultat de processus naturels aléatoires. Cependant, la complexité émergente observée à travers l'histoire de l'univers - de la formation des premières particules aux structures complexes de la vie - soulève des questions sur l'existence possible d'une tendance intrinsèque ou d'un plan sous-jacent. En analysant les processus par lesquels la complexité émerge, nous pourrions commencer à discerner s'il existe une sorte de "tirage vers l'avant" métaphysique qui facilite cette marche vers une complexité croissante.

La conscience est peut-être le plus grand mystère de tous. Si la conscience peut être vue comme un épiphénomène de processus neurologiques, comment expliquons-nous la nature subjective de l'expérience ? Les tentatives de réduire la conscience à des processus physiques n'ont pas encore fourni une explication satisfaisante pour les aspects qualitatifs de notre expérience. En explorant les conceptions de l'âme à travers différentes traditions, nous pourrons mettre en lumière la question de savoir si la conscience individuelle a une source ou une continuité au-delà de la structure physique du cerveau.

L'existence de l'univers, son ajustement fin, la direction apparente de son évolution, et le mystère de la conscience peuvent tous être explorés non seulement par la science mais aussi par la logique métaphysique. Par l'exercice de la raison pure, nous pouvons envisager l'existence de l'univers comme le résultat d'une intention délibérée et d'un dessein. En suivant les principes de la raison suffisante et en examinant la possibilité d'une réalité ultime ou d'une cause première, nous pouvons élaborer un argument cohérent en faveur de l'existence de Dieu qui est fondé sur l'ordre et la finalité inhérents à l'univers.

Chapitre 17 : Le Concept de Miracles - Intersections de la Science et du Divin

Les miracles sont traditionnellement compris comme des événements qui ne peuvent pas être expliqués par les lois naturelles et sont donc attribués à une intervention divine. Pour aborder les miracles d'une manière qui résonne avec la mentalité scientifique moderne, il est essentiel de les considérer sous l'angle de phénomènes qui dépassent notre compréhension actuelle des lois de la nature, plutôt que de les rejeter catégoriquement.

L'examen des miracles dans l'histoire humaine nous conduit à réfléchir sur la permanence des lois de la nature. Si l'on considère que les lois de la nature sont des descriptions de comportements naturels cohérents et prévisibles, les miracles peuvent être perçus comme des manifestations de lois ou de forces qui transcendent notre compréhension scientifique actuelle. Cela soulève la possibilité que des domaines inexplorés de la physique puissent un jour éclairer des événements que nous qualifions aujourd'hui de miraculeux.

Les témoignages de miracles proviennent de cultures et de périodes très diverses. Il est important d'analyser ces rapports avec une méthodologie critique, en distinguant entre des preuves anecdotiques et des phénomènes corroborés par des preuves fiables. Le rôle de la psychologie humaine dans la perception et le rapport des miracles ne doit pas être sous-estimé, mais cela ne devrait pas nous amener à rejeter en bloc la possibilité que certains témoignages puissent pointer vers une réalité qui dépasse la compréhension scientifique standard.

Les récits de miracles abondent dans les textes sacrés de nombreuses religions. L'approche historico-critique a permis de comprendre ces textes dans leur contexte culturel et littéraire. Toutefois, l'analyse littéraire ne diminue pas nécessairement l'importance ou la signification potentielle de ces miracles en tant que fenêtres sur le divin. L'interprétation métaphorique, symbolique ou allégorique peut révéler des vérités profondes sur l'existence humaine et la réalité divine.

Si l'on envisage les miracles non comme des infractions aux lois de la nature, mais comme des indications d'une réalité supérieure, ils peuvent être vus comme des signes pointant vers la présence d'une dimension divine qui s'entrelace avec le monde matériel. Cela peut nous amener à envisager une perspective plus intégrative de la réalité, où la matérialité et la spiritualité ne sont pas disjointes, mais constituent des aspects complémentaires de l'existence.

Le dialogue entre science et religion a souvent été marqué par des conflits et des malentendus. Pourtant, une enquête sérieuse sur les miracles peut offrir un terrain commun pour la discussion. Les deux domaines peuvent collaborer pour étudier les phénomènes qui défient l'explication actuelle, explorant ainsi les limites de notre savoir et peut-être, révélant un sens plus profond et une orientation vers la transcendance.

L'analyse scientifique des miracles pose souvent plus de questions qu'elle n'apporte de réponses. Prenez, par exemple, les guérisons inexpliquées qui se produisent dans des lieux de pèlerinage ou les rémissions soudaines et inattendues de maladies terminales. Bien que la science médicale puisse parfois attribuer ces événements à des anomalies statistiques ou à des mécanismes psychosomatiques, il existe des cas où de telles explications restent insatisfaisantes. En étudiant ces cas avec rigueur et ouverture, nous pourrions découvrir de nouvelles facettes des interactions entre l'esprit, le corps et peut-être des influences transcendantes.

Au-delà des miracles personnels et des anecdotes, il existe des phénomènes à l'échelle cosmique qui défient notre compréhension. Les singularités comme le Big Bang, l'origine de la vie, et la fine-tuning des constantes cosmiques pourraient être considérées comme des "miracles cosmiques". Ces moments critiques dans l'histoire de l'univers nous confrontent à des questions fondamentales sur le rôle de la causalité et la possibilité d'une intention ou d'un dessein sous-jacent à l'ordre cosmique.

Le concept de miracle, en tant que violation présumée des lois de la nature, est en apparence antithétique à la science moderne qui cherche des explications naturalistes. Cependant, en reconnaissant l'histoire de la science comme une suite de paradigmes en évolution, où des phénomènes autrefois inexpliqués deviennent compréhensibles, il est possible de voir les miracles comme des phénomènes qui attendent une explication dans un futur paradigme scientifique. Cela suggère un modèle de science ouverte, non réductrice et potentiellement réceptive à la notion de sacré.

La conscience humaine elle-même est souvent décrite comme un miracle de la nature. Les expériences de conscience élargie, les états mystiques, et les perceptions extrasensorielles soulèvent la question de savoir si la conscience pourrait être le moyen par lequel le divin se manifeste dans le monde matériel. Ces expériences peuvent-elles être des signaux d'un domaine de réalité qui transcende notre compréhension actuelle, pointant vers une interconnexion entre la conscience et le sacré?

L'existence potentielle des miracles a des implications profondes pour la philosophie et la théologie. Elle ouvre la porte à une réévaluation de la prévalence du matérialisme dans les paradigmes scientifiques actuels et invite à une réflexion plus profonde sur la place de l'humain dans l'univers. La possibilité des miracles invite à envisager un monde dans lequel la transcendance est intimement liée à l'immanence, et où la nature révèle non seulement des mécanismes mais aussi un sens.

Ce chapitre n'a pas pour but de fournir des réponses définitives sur la nature ou l'existence des miracles. Plutôt, il cherche à ouvrir un dialogue entre des domaines souvent considérés comme inconciliables. En explorant les miracles à travers les lentilles de la science, de la philosophie et de la théologie, nous pourrions trouver non seulement des aperçus de la réalité divine, mais aussi une invitation à étendre notre compréhension de la science elle-même pour inclure les dimensions de l'existence qui échappent à une explication facile.

Nous poursuivons donc notre exploration en reconnaissant les limites de notre savoir tout en restant ouverts aux possibilités infinies qui peuvent se situer au-delà de l'horizon de notre compréhension actuelle. Cela requiert une humilité scientifique et une ouverture spirituelle, reconnaissant que le mystère de l'existence est bien plus vaste que le cadre de notre compréhension actuelle.

L'examen critique des miracles ne se contente pas de rejeter les rapports de miracles comme étant des superstitions ou des coïncidences; il s'agit plutôt d'un processus d'enquête minutieuse et de réflexion sur les présuppositions philosophiques concernant la nature de la réalité. En remettant en question l'étendue et les limites des lois naturelles, nous sommes invités à contempler l'existence de lois qui pourraient être supra-naturelles ou au moins non encore découvertes.

Comment la science pourrait-elle étudier les miracles sans compromettre ses principes fondamentaux d'objectivité et de répétabilité? Des approches telles que les études de cas multiples, l'analyse comparative, et la modélisation statistique offrent des pistes pour enquêter sur les phénomènes dits miraculeux. L'utilisation de technologies avancées pour mesurer des changements subtils dans les environnements où les miracles sont rapportés pourrait également fournir des indices tangibles d'événements hors de l'ordinaire.

Le concept de miracle pourrait-il être contextualisé dans le cadre de l'évolution biologique et de la théorie de la complexité? Les sauts quantiques dans l'évolution des espèces, où des changements radicaux se produisent de manière apparemment imprévisible, peuvent-ils être considérés comme des analogues des miracles dans le contexte biologique? Cela pourrait impliquer un mécanisme par lequel des forces non encore comprises interagissent avec le tissu de la réalité pour provoquer des changements soudains et significatifs.

Les témoignages de miracles ont souvent été relégués au domaine de la foi pure, mais si nous les examinons avec sérieux, en utilisant une approche transdisciplinaire qui englobe la psychologie, l'anthropologie, la théologie et la physique, nous pourrions commencer à discerner des modèles ou des principes qui transcendent les explications individuelles. La recherche pourrait se concentrer sur les conditions sous lesquelles ces événements se produisent, les états de conscience des témoins et des bénéficiaires, et les impacts à long terme sur leurs vies.

Les miracles posent des défis fondamentaux aux systèmes philosophiques qui privilégient la continuité et la prévisibilité. Ils nous forcent à questionner les fondements épistémologiques sur lesquels nous basons notre compréhension de la réalité. Comment pouvons-nous incorporer les données anormales sans détruire le cadre de la connaissance scientifique? Cela nécessite une réflexion sur la manière dont les paradigmes scientifiques peuvent s'adapter ou se transformer en réponse à de nouvelles découvertes.

Ce chapitre propose que pour véritablement comprendre les miracles, il peut être nécessaire d'élargir notre ontologie, c'est-à-dire notre théorie de ce qui existe. Plutôt que de les considérer comme des anomalies, si nous les voyons comme des indices de dimensions de réalité supplémentaires ou différentes, cela pourrait nous conduire à une compréhension plus riche de l'univers et peut-être de la nature de Dieu lui-même.

En fin de compte, l'exploration des miracles ne vise pas à affirmer ou à nier catégoriquement leur existence. Plutôt, elle sert à élargir le champ de la curiosité scientifique et à reconnaître que, dans la poursuite de la connaissance, nous pourrions être appelés à transcender les limites actuelles et à embrasser une réalité plus grande, plus mystérieuse, et peut-être plus divine. C'est dans ce processus que nous pourrions trouver des preuves, non pas au sens strictement empirique, mais dans le vécu humain et dans la convergence de nombreux chemins de savoir, de la preuve d'un ordre supérieur ou d'une présence divine dans le cosmos.

Nous allons maintenant poursuivre notre exploration en plongeant plus profondément dans les concepts de la foi et de la raison, et comment elles se croisent et interagissent dans la quête humaine de compréhension et de signification.

Chapitre 18: La Foi et la Raison - Alliées dans la Quête de la Vérité

Dans le dialogue sur l'existence de Dieu, la foi et la raison sont souvent perçues comme des forces opposées. Toutefois, une exploration approfondie révèle qu'elles peuvent être des alliées dans la quête de la vérité. La raison peut nous conduire à la porte de l'inconnu, et la foi peut nous encourager à franchir le seuil pour explorer des territoires au-delà de la compréhension empirique.

La raison n'est pas l'ennemie de la foi; elle en est l'affineuse. Elle examine les croyances et sépare la superstition de la substance. En utilisant des outils logiques et philosophiques, la raison peut débarrasser la foi de ses excès et la concentrer sur des vérités plus profondes, souvent cachées sous des couches d'interprétations erronées.

La foi n'est pas une fin, mais un point de départ. Elle encourage à poser des questions plutôt que de fournir des réponses toutes faites. Elle stimule l'exploration, demandant aux chercheurs de pousser plus loin dans l'investigation des mystères de l'univers, plutôt que de s'installer confortablement dans l'ignorance.

Les expériences mystiques, souvent reléguées au domaine de la foi pure, sont également sujettes à une analyse rationnelle. En étudiant les témoignages et les schémas récurrents à travers les cultures et les époques, il est possible de tracer un cadre dans lequel ces expériences peuvent être comprises et évaluées de manière rationnelle, sans diminuer leur potentiel transcendant.

La complexité et la beauté de l'univers peuvent être perçues comme de simples coïncidences des lois naturelles, mais une analyse plus profonde suggère que ces attributs pourraient aussi être le reflet d'une conception intentionnelle. La probabilité extrêmement faible de l'émergence de la vie telle que nous la connaissons, et les ajustements fins des constantes universelles, invitent à une réflexion sur la présence d'une intelligence organisatrice derrière la toile de la réalité.

L'évidence scientifique, lorsqu'elle est prise en compte avec les principes théologiques, ne s'oppose pas nécessairement à l'idée d'un créateur. Au contraire, la compréhension approfondie des lois de la nature peut mener à une appréciation plus profonde de la sophistication et de la potentialité inhérentes à l'univers, ce qui peut suggérer une origine divine.

L'humilité intellectuelle est essentielle lorsqu'on aborde la question de Dieu. Reconnaître les limites de notre compréhension et la possibilité que certains aspects de la réalité dépassent notre capacité actuelle d'appréhension est non seulement une démarche scientifique, mais aussi un acte de foi. Cette humilité ouvre la voie à une exploration continue et à une ouverture d'esprit nécessaire pour considérer les preuves d'une réalité divine.

En somme, la foi et la raison, loin d'être irréconciliables, sont des vecteurs convergents vers la vérité ultime. Lorsqu'elles sont utilisées conjointement, elles éclairent des facettes différentes.

La science, avec sa méthode et sa rigueur, atteint un seuil au-delà duquel elle ne peut aller sans spéculer. C'est ici que la foi peut intervenir, en proposant des réponses aux questions métaphysiques qui dépassent l'empirique. Il ne s'agit pas d'abandonner la raison, mais de reconnaître ses limites et d'accepter que certaines réponses puissent résider hors de son domaine.

Dieu, dans le cadre de cette recherche, n'est pas un simple concept à démontrer mais une réalité transcendantale à expérimenter. Les preuves de son existence ne se limitent pas aux démonstrations logiques ou mathématiques, mais se trouvent aussi dans les expériences personnelles et collectives qui transcendent le rationnel.

La quête de Dieu est autant personnelle que collective. Chaque individu peut explorer les signes de la divinité à travers sa propre expérience, tandis que l'humanité dans son ensemble peut observer les manifestations d'un dessein plus vaste à l'œuvre dans l'histoire et l'évolution de la conscience.

La physique quantique a révolutionné la manière dont nous percevons la réalité. Ses découvertes sur l'indétermination, la non-localité et l'entrelacement suggèrent une complexité au niveau fondamental de la réalité qui pourrait pointer vers un ordre supérieur. Ces phénomènes pourraient être interprétés comme des indicateurs d'une conscience ou d'une intelligence fondamentale orchestrant l'univers.

L'anthropocentrisme, l'idée que l'homme est au centre de tout, a été remis en question par la science moderne. Cependant, la position unique de l'humanité dans l'univers, capable de se questionner sur son origine et sa finalité, pourrait indiquer une intention spécifique dans le dessein cosmique.

Le concept de Dieu n'est pas seulement une question d'ordre cosmique ou de complexité biologique, mais aussi de la nature de l'amour et de la création. L'amour, souvent incompréhensible à travers le seul prisme de la sélection naturelle, pourrait être vu comme un reflet de la nature divine, une force qui pousse vers l'unité, la créativité et le soin de l'autre.

Chapitre 19: La Singularité de la Conscience et la Quête de l'Absolu

La conscience humaine présente une singularité qui défie les explications réductionnistes. Alors que les sciences cognitives ont avancé dans la compréhension des mécanismes du cerveau, l'origine de la conscience subjective reste une énigme.

Comment et pourquoi sommes-nous capables d'expérimenter une vie intérieure riche et autonome, façonnée par des pensées, des émotions et des désirs? La conscience est plus qu'un simple épiphénomène du cerveau; elle est la preuve vivante d'une complexité qui dépasse la matière. Dans cette complexité, certains voient la main d'une puissance créatrice, une étincelle du divin qui transcende la physique et la chimie pour toucher le domaine de l'esprit.

L'aspiration de l'homme à la connaissance, à l'amour, à la beauté et à l'éternité suggère une origine qui est elle-même absolue. Cette quête de l'absolu peut être vue comme un signe pointant vers un être suprême, un Absolu qui est la source de tout désir profond.

La moralité humaine présente un défi pour le matérialisme philosophique. La capacité de distinguer le bien du mal, de chercher la justice et de pratiquer l'altruisme peut être interprétée comme la résonance d'un ordre moral universel, dont la source pourrait être divine.

La sociobiologie explique certains aspects de notre comportement éthique par l'évolution et la survie des gènes. Cependant, les actes de sacrifice et d'héroïsme, où des individus vont à l'encontre de leur propre intérêt génétique pour le bien d'autrui, suggèrent l'existence d'une dimension morale qui n'est pas entièrement explicable par les mécanismes évolutifs.

La science, dans sa quête incessante de compréhension, touche souvent aux limites de l'explicable. Les grandes théories unificatrices, la recherche des lois fondamentales de l'univers, reflètent une recherche de l'unité qui pourrait être vue comme un écho de la quête de Dieu.

Le langage mathématique de l'univers, universellement intelligible, indique un ordre et une intelligibilité qui suggèrent une pensée ordonnatrice. La question de l'origine de cet ordre mène à la contemplation de l'existence d'une cause première, non conditionnée par l'espace et le temps, un créateur intemporel.

En considérant la singularité de la conscience, l'existence d'un ordre moral intrinsèque et la quête scientifique pour l'unité, ce chapitre invite le lecteur à une réflexion sur la possibilité que ces éléments de notre réalité ne soient pas le produit du hasard ou de la nécessité, mais les indices d'une présence transcendante, qui nous appelle à reconnaître dans l'ordre du monde et dans la profondeur de notre être, la trace du divin.

Notre capacité à appréhender des concepts abstraits, à créer de l'art et à formuler des questions philosophiques profondes suggère une dimension qui dépasse largement les besoins de la survie biologique. Cette singularité de l'expérience humaine, dans sa richesse et sa diversité, nous incite à considérer la présence d'une source divine qui aurait insufflé une essence spirituelle à l'humanité, la distinguant ainsi des autres formes de vie.

La créativité humaine, qui engendre de nouvelles réalités par l'art, la musique, et la littérature, manifeste une liberté qui semble échapper aux lois déterministes de la physique. Dans la capacité à créer, à innover et à imaginer, nous trouvons des qualités qui résonnent avec l'idée d'une source créatrice ultime, un Dieu qui serait l'architecte de la possibilité et de l'expression.

L'expérience du sacré est un phénomène universel qui transcende les cultures et les époques. Cette intuition universelle du sacré, où l'homme reconnaît l'existence de quelque chose de plus grand que lui, pourrait être interprétée comme un signe de la réalité divine. Le sacré, dans ce contexte, représente une porte vers l'infini, un rappel de la présence de Dieu dans la vie quotidienne.

Dans de nombreuses traditions religieuses, l'univers est vu comme un sacrement, une manifestation extérieure d'une réalité intérieure divine. Les lois de la nature, la beauté du cosmos et la complexité de la vie sont vues non pas comme des fins en soi, mais comme des signes pointant vers un Créateur. La science, en révélant la splendeur et la sophistication de l'univers, peut sans le vouloir attester de cette vision sacramentelle du monde.

L'existence même de l'univers, le fait qu'il y a quelque chose plutôt que rien, reste un mystère fondamental. La cosmologie moderne suggère que l'univers a eu un début (Big Bang) et les lois de la nature pointent vers une précision fine qui a permis l'émergence de la vie et de la conscience.

La précision fine des constantes cosmologiques et des lois de la physique pourrait être perçue comme la signature d'un Dessein intelligent. Cet ajustement extrêmement délicat des conditions initiales nécessaires à l'existence de la vie est souvent invoqué comme un argument en faveur de l'existence de Dieu. Si l'univers semble être un système conçu avec un but, la meilleure explication pourrait être qu'un Créateur intelligent est à l'origine de cet agencement.

La quête de l'unité et de l'harmonie semble être une aspiration intrinsèque à l'humanité. À travers l'histoire, les hommes ont cherché à établir des liens non seulement entre eux, mais aussi avec la nature et l'univers tout entier. Cette recherche d'une cohésion globale pourrait refléter l'existence d'une volonté divine, d'un ordre suprême qui préside à la totalité de l'existence.

Tout comme une symphonie est composée d'une multitude de notes harmonieusement arrangées, l'univers peut être perçu comme une grande œuvre d'art dont les lois naturelles seraient les notes, les galaxies et les étoiles, les instruments, et les phénomènes physiques, les motifs récurrents. Cette harmonie intrinsèque pourrait-elle être l'écho d'une composition divine, où chaque élément joue son rôle dans un concert cosmique orchestré par Dieu?

La notion de bien et de mal semble transcender les sociétés et les cultures. Cette conscience morale universelle suggère l'existence d'une loi morale inscrite dans le cœur de chaque être humain, une loi qui pourrait être l'expression de la volonté divine.

La conscience morale humaine, qui nous pousse à agir avec bonté, justice et compassion, pourrait être vue comme un reflet de la nature de Dieu. Si cette conscience est universelle et transcende les frontières culturelles et temporelles, ne pourrait-elle pas être considérée comme une preuve de la réalité d'un législateur moral suprême?

La beauté, qu'elle se manifeste dans la nature ou à travers les œuvres d'art humaines, a le pouvoir d'élever l'esprit et d'évoquer un sens du divin. Cette capacité de l'art à nous toucher profondément et à nous conduire vers une expérience de transcendance pourrait indiquer que la beauté est une voie vers la compréhension de Dieu.

L'esthétique, l'étude de la beauté et du goût, nous donne un langage pour exprimer notre expérience de ce qui est émouvant, sublime et inspirant. Ces expériences esthétiques semblent souvent dépasser l'entendement et suggèrent l'existence d'une réalité supérieure, un créateur dont l'essence même est la beauté pure et inaltérée.

Chapitre 20: La Nature du Temps et l'Écho de l'Éternité

La perception humaine du temps est unique et complexe. Nous expérimentons le temps de manière linéaire – avec un passé, un présent et un futur. Cependant, en physique, le temps peut être perçu de manière plus fluide, comme le suggère la relativité générale d'Einstein. En explorant la nature flexible et relative du temps, nous pourrions commencer à entrevoir un lien entre le concept scientifique du temps et la compréhension théologique de l'éternité.

Dans de nombreuses traditions théologiques, Dieu est décrit comme éternel, existant en dehors des contraintes temporelles de l'univers physique. Comment notre compréhension du temps, particulièrement avec les récentes découvertes en physique quantique et en cosmologie, pourrait-elle nous amener à conceptualiser l'éternité et, par extension, un Créateur éternel?

Le Big Bang représente le début scientifiquement accepté de l'univers et donc du temps lui-même tel que nous le connaissons. Cette naissance de l'univers pose la question de ce qui a précédé, et si le temps lui-même a eu un commencement, cela pourrait-il indiquer l'existence d'une cause première atemporelle?

Les paradoxes du temps, comme ceux présentés dans les voyages temporels et les boucles causales, stimulent l'imagination et défient notre compréhension linéaire du temps. En discutant de ces paradoxes, nous pouvons aborder la notion de création ex nihilo (création à partir de rien), un concept clé dans de nombreuses théologies pour expliquer l'origine divine de l'univers.

Ce chapitre pourrait explorer en profondeur ces idées et examiner comment elles interagissent avec l'idée de l'existence de Dieu, offrant une perspective nouvelle sur un débat ancien.

La physique quantique a révolutionné notre compréhension du temps. Dans ce cadre, les phénomènes tels que l'entrelacement quantique défient notre perception du temps comme une séquence ordonnée d'événements. Des particules peuvent être corrélées de manière non locale, suggérant que leurs états sont déterminés instantanément, indépendamment de la distance et du temps. Cette apparente 'action à distance' soulève la question de l'existence d'une dimension ou d'une réalité supérieure où le temps, tel que nous le connaissons, n'est pas une contrainte.

Le bloc univers est un concept philosophique et physique qui envisage l'univers comme une entité quadri-dimensionnelle, où le temps est une dimension fixe, tout comme l'espace. Selon cette théorie, passé, présent et futur existent simultanément. Ce concept offre une vision du temps qui ressemble aux descriptions théologiques de l'éternité, où tout est connu, tout est présent et rien ne change pour l'entité divine. En effet, pour un être omniscient, l'idée d'un 'maintenant' n'a pas de sens. Tout est un éternel présent, ce qui pourrait offrir un parallèle fascinant avec les attributs traditionnels accordés à Dieu.

La deuxième loi de la thermodynamique, qui énonce que l'entropie d'un système isolé ne peut que croître, est ce qui donne à notre univers sa 'flèche du temps' : la direction inéluctable du passé vers le futur. Cette augmentation de l'entropie est associée à la notion de temps qui passe et à l'idée de la dégradation inévitable de l'ordre. Pourtant, la question demeure : pourquoi l'entropie était-elle si basse au moment du Big Bang, permettant ainsi l'ordre complexe que nous observons aujourd'hui? Cela peut-il être vu comme un signe d'un acte intentionnel de création?

La conscience humaine est intrinsèquement liée à la perception du temps. Notre capacité à se souvenir du passé et à anticiper l'avenir est unique dans le règne animal. Cela pourrait-il être une fenêtre sur une réalité spirituelle plus large où la conscience est déconnectée du flux linéaire du temps et, peut-être, une preuve d'une âme immortelle ou d'un esprit conçu pour transcender le temps physique?

En explorant la nature du temps, ce chapitre s'efforce de démontrer que la réalité temporelle de notre univers pourrait bien être la pâle réflexion d'une éternité plus vaste et plus complète, indiquant la présence d'un créateur atemporel. L'analyse de ces concepts cherche non seulement à mettre en évidence le caractère unique de l'expérience humaine du temps mais aussi à ouvrir un dialogue entre la physique moderne et les concepts théologiques traditionnels de l'éternité.

Chapitre 21: L'Irréductibilité de l'Expérience Esthétique

Une avenue souvent moins explorée dans la démonstration de l'existence d'un ordre supérieur ou divin est l'examen de l'expérience esthétique. L'art, la musique, la poésie et les autres formes d'expression créative semblent transcender la simple matérialité pour toucher à quelque chose de plus profond dans l'expérience humaine.

L'art a le pouvoir de nous émouvoir, de susciter en nous des sentiments profonds, de l'inspiration, ou un sens du sacré. Les œuvres d'art ne sont pas seulement des objets ou des motifs de réflexion intellectuelle ; elles semblent atteindre une partie de notre être qui est au-delà de l'intellect. Cette capacité de l'art à nous toucher d'une manière qui semble insondable et irréductible à des analyses purement matérialistes pourrait être vue comme un indicateur de la présence d'une réalité transcendante.

De même, la beauté inhérente à la nature – la majesté d'un coucher de soleil, l'immensité de l'océan, ou la complexité délicate d'une fleur – évoque souvent une réponse qui va au-delà de l'esthétique pure. Cela soulève des questions: pourquoi la nature devrait-elle être belle et pourquoi sommes-nous équipés pour apprécier cette beauté d'une manière qui enrichit notre expérience de la vie?

La musique est un autre domaine qui défie une explication entièrement fondée sur la biologie ou la culture. Elle est souvent décrite comme un langage universel ayant la capacité d'exprimer et d'évoquer des émotions que les mots ne peuvent saisir. La structure profonde de la musique, sa capacité à ordonner le temps de manière qui nous est émotionnellement significative, suggère qu'elle est alignée avec des principes fondamentaux de notre réalité.

L'expérience esthétique n'est pas facilement catégorisable ni explicable dans un cadre purement matérialiste ou scientifique. Elle requiert une ouverture à l'idée que certains aspects de notre existence sont mieux compris à travers le prisme du ressenti, de l'intuition et peut-être même du spirituel. La manière dont l'art et la beauté nous affectent pourrait être vue comme une fenêtre ouverte sur le divin, un rappel que dans notre quête de compréhension, il existe des dimensions qui échappent aux mesures mais qui sont essentielles à la complétude de notre humanité.

Les scientifiques et mathématiciens ont depuis longtemps observé que la symétrie joue un rôle central dans notre perception de la beauté, qu'elle se manifeste dans la nature ou dans l'art. La suite de Fibonacci, par exemple, et le rapport d'or qui en découle, se retrouvent partout dans les motifs naturels et ont été utilisés par les artistes et architectes pendant des siècles pour créer des œuvres qui, instinctivement, nous semblent belles. Ce langage universel de la symétrie pourrait être interprété comme le reflet d'un ordre supérieur ou divin, un modèle imprimé dans la création elle-même qui résonne avec notre propre sens inné de l'harmonie et de l'équilibre.

Lorsqu'une œuvre d'art ou un paysage naturel déclenche une réaction émotionnelle, il est fréquent que nous éprouvions un sentiment de connexion avec quelque chose de plus grand que nous. Cette émotion peut parfois prendre la forme d'un frisson, d'une "chair de poule" ou d'une sensation de transcendance. Pourquoi ces réponses se produisent-elles, et d'où viennent-elles ? La science des émotions et la neuroesthétique ont commencé à explorer ces phénomènes, mais elles ne peuvent entièrement expliquer pourquoi certaines formes, mélodies ou couleurs ont un impact aussi universel et profond.

La capacité de l'être humain à créer, à imaginer et à donner forme à des réalités qui n'existent pas dans le monde physique est souvent citée comme un trait distinctif de notre espèce. Cette capacité peut être perçue comme un reflet de la nature créative d'une force supérieure. L'acte de créer de l'art, de la musique, de la littérature, ou toute autre forme d'expression peut être interprété comme une tentative humaine de toucher à l'essence de cette force créatrice, de se connecter avec elle et, dans certains cas, d'en offrir une représentation.

L'expérience esthétique, avec sa capacité à nous relier à un sens de l'émerveillement et de l'inexplicable, reste un territoire fertile pour ceux qui cherchent à comprendre le divin. Que ce soit par la beauté qui émane de l'ordre naturel ou par les actes créatifs de l'humanité, il semble exister une corrélation entre notre capacité à percevoir, apprécier et créer la beauté et la possibilité d'un principe organisateur ou d'une intelligence divine. L'art, dans sa forme la plus pure, peut ainsi être considéré comme une prière silencieuse, une fenêtre ouverte non seulement sur notre âme mais aussi sur l'âme du cosmos, témoignant peut-être de la présence d'une source ultime de toute beauté et création.

Chapitre 22: L'Aspiration à la Connexion Divine et la Naissance des Religions

Depuis l'aube de la conscience, l'humain a été mû par une quête de sens qui dépasse les préoccupations matérielles et immédiates de la survie. Cette recherche de signification est souvent intrinsèquement liée à la question de l'origine et du but ultime de l'existence, ce qui a conduit inévitablement à la conceptualisation d'une puissance ou d'une présence supérieure. De cette quête sont nées les religions, chacune proposant sa vision de la divinité et son chemin vers une relation avec le sacré.

La religion peut être perçue comme un langage symbolique qui tente de communiquer avec le divin. Chaque tradition religieuse, avec ses rituels, mythes et doctrines, façonne une conversation collective à travers laquelle les individus et les communautés expriment leurs plus profonds espoirs, craintes et désirs. Les rituels et les prières sont les moyens par lesquels l'homme tente d'entrer en communion avec une force qui est à la fois immanente et transcendante, espérant ainsi influencer sa vie d'une manière qui lui donnerait sens et direction.

Les premières religions étaient souvent animistes, trouvant de l'esprit et du sacré dans les éléments naturels et les phénomènes. Ces systèmes de croyance reflétaient l'immédiateté de l'expérience humaine face à l'immensité et à la complexité de la nature. Avec le temps, ces croyances se sont complexifiées et ont donné naissance à des panthéons de divinités, des mythes de création, et des systèmes éthiques et métaphysiques élaborés.

Les religions n'ont pas seulement pour fonction d'expliquer le monde ; elles ont aussi joué un rôle central dans la formation des sociétés et des cultures. Elles ont offert des cadres pour l'éthique, la morale et la justice, souvent incarnés dans des lois et des codes de conduite. Les religions ont servi à unifier les groupes autour d'une identité commune et d'un but partagé, contribuant à la cohésion sociale et à l'ordre public.

Au fur et à mesure que les sociétés humaines se sont développées, leurs conceptions de Dieu ou des dieux ont également évolué. Des divinités personnifiées gérant des aspects spécifiques de la réalité à un concept plus abstrait et universel de Dieu, l'humanité a réfléchi et raffiné ses idées du divin. Ces conceptions reflètent une diversité de vues mais elles partagent souvent des thèmes communs tels que la création, la providence, la justice et l'amour.

Les religions offrent un cadre dans lequel les individus peuvent explorer et développer une relation personnelle avec le divin. Cette relation peut être caractérisée par la prière, la méditation, les expériences mystiques ou un sentiment de présence divine dans la vie quotidienne. Cette dimension personnelle est centrale dans la pratique religieuse, car elle permet à l'individu de se sentir directement lié à la source de toute existence.

Cette aspiration à la connexion divine est un témoignage de la nature spirituelle de l'être humain. À travers les siècles, les religions ont pris diverses formes pour répondre à ce besoin fondamental. Cependant, au cœur de chaque pratique et croyance religieuse se trouve la même quête universelle d'une compréhension plus profonde de la vie et de notre place dans l'univers. Que cette aspiration soit vue comme un appel vers un Créateur ou une expression de la nature intrinsèque de l'humain à chercher au-delà de lui-même, elle est indéniablement une force puissante qui a façonné l'histoire humaine.

À travers l'histoire, les systèmes de croyance ont évolué en parallèle avec le progrès humain, des sociétés tribales aux civilisations complexes. Lorsque les humains ont commencé à cultiver la terre, à bâtir des cités, et à développer des écritures, leurs religions ont également gagné en complexité. Les dieux de la pluie et de la terre ont fait place à des panthéons, et finalement, à des divinités monothéistes dans certaines parties du monde.

Ces divinités étaient souvent vues comme des arbitres de la morale et des garants de l'ordre, servant ainsi de fondement aux systèmes judiciaires et politiques. Les dix commandements dans la tradition judéo-chrétienne, par exemple, ont servi de pierre angulaire à de nombreux principes juridiques et moraux occidentaux.

Les religions du monde, telles que le judaïsme, le christianisme, l'islam, l'hindouisme, le bouddhisme et d'autres, ont toutes apporté des réponses différentes à la question de l'existence divine. Ces religions ont formulé des doctrines complexes, ont construit des institutions vastes et puissantes, et ont attiré des milliards d'adhérents à travers les âges. Elles ont également été des vecteurs de culture, d'art, de philosophie et de science. En effet, beaucoup de grandes découvertes scientifiques ont été réalisées par des individus cherchant à comprendre l'œuvre de Dieu à travers la création.

En dépit de leur rôle dans la société, les religions ont toujours eu une composante profondément personnelle. Elles offrent un espace pour le développement spirituel et moral de l'individu. La pratique religieuse peut varier énormément d'une personne à l'autre, certains trouvant le réconfort dans la prière quotidienne, d'autres dans la méditation silencieuse, ou d'autres encore dans l'engagement communautaire.

À l'ère moderne, avec l'avancée de la science et la sécularisation de la société, certains ont proclamé que la religion deviendrait obsolète. Pourtant, non seulement la religion a survécu, mais dans beaucoup de régions, elle semble connaître un renouveau. Cela pourrait être interprété comme une preuve de l'insuffisance de la science et de la technologie à satisfaire pleinement les besoins spirituels et émotionnels de l'être humain.

Il est crucial de reconnaître que science et religion ne sont pas nécessairement en conflit. Beaucoup voient la science comme un moyen d'explorer et de comprendre l'univers que Dieu a créé, tandis que la religion aborde les questions de signification et de valeur qui ne sont pas du ressort de la science. Le débat entre créationnisme et évolutionnisme, par exemple, est souvent présenté comme un choix binaire, alors que de nombreux croyants voient l'évolution comme le moyen par lequel Dieu a façonné la vie.

Les religions du monde, malgré leurs différences, se rejoignent dans leur quête de réponses aux questions fondamentales de l'existence. Dans la société contemporaine, elles continuent d'offrir un sens, une direction et une connexion avec quelque chose de plus grand que nous. En cherchant à comprendre et à interagir avec le divin, l'humanité exprime non seulement son besoin de réponses mais aussi son désir intrinsèque d'associer sa vie à un récit plus grand.

À l'aube du 21e siècle, l'humanité se trouve à la croisée des chemins entre le passé ancré dans la tradition et un avenir orienté vers la science et le rationalisme. La montée du scepticisme et la critique de la religion comme étant anti-scientifique ont poussé les institutions religieuses et les fidèles à s'adapter. Certaines traditions ont cherché à réinterpréter leurs enseignements anciens à la lumière des connaissances actuelles, tandis que d'autres ont résisté, affirmant l'importance de maintenir les pratiques traditionnelles et les croyances.

Dans le contexte actuel de crise écologique, certaines religions ont trouvé un nouveau rôle : la défense de l'environnement. Le concept de stewardship, ou gestion responsable, dans le christianisme, par exemple, est de plus en plus interprété comme un mandat pour protéger la création de Dieu. De même, des notions similaires dans d'autres religions encouragent les croyants à agir contre la dégradation de l'environnement. Cela suggère que loin d'être obsolètes, les structures religieuses peuvent servir de forces puissantes pour le bien commun.

Avec l'avènement de l'intelligence artificielle et des technologies avancées, de nouvelles questions philosophiques et théologiques se posent. L'IA peut-elle atteindre une forme de conscience ? Quel rôle joue-t-elle dans notre compréhension du divin ? Certaines voix suggèrent que la technologie pourrait nous amener à une nouvelle forme de transcendance, peut-être en permettant à l'humanité de s'approcher encore plus des mystères de l'univers que de nombreuses religions cherchent à comprendre.

Alors que nous avançons dans le 21e siècle, il est probable que les religions continueront d'évoluer en réponse aux découvertes scientifiques et aux changements sociaux. Des dialogues entre les leaders religieux et la communauté scientifique peuvent ouvrir la voie à une compréhension mutuelle et à une collaboration sur des questions telles que l'éthique de la génétique ou l'exploration spatiale.

La relation dynamique entre l'humanité et le concept de Dieu reste centrale à l'expérience humaine. Dans un monde où la science et la technologie façonnent notre avenir, la quête spirituelle n'a pas diminué; elle a simplement pris de nouvelles formes. La religion, loin d'être reléguée au passé, continue de jouer un rôle crucial dans la motivation des individus à poser des questions profondes et à chercher des réponses au-delà de ce qui est immédiatement visible.

La spiritualité moderne, ainsi que la recherche d'une connexion avec le divin, devront peut-être embrasser les outils et les idées de l'époque pour rester pertinente. Cependant, l'essence de la quête spirituelle, le désir de comprendre notre place dans l'univers et d'entretenir une relation avec une force plus grande que nous, demeure intemporelle.

Le défi pour les croyants et les chercheurs de vérité de demain sera de trouver un équilibre entre les anciennes traditions et les nouvelles découvertes, forgeant ainsi un chemin qui honore à la fois notre héritage et notre avenir.

Conclusion Générale :
Vers l'Horizon de l'Infini

Alors que nous refermons les pages de ce voyage à travers la science, la philosophie, la théologie et l'âme humaine, nous sommes confrontés à la grandeur d'une quête qui transcende le temps, l'espace et l'entendement humain. Nous avons exploré les confins de l'univers, les mystères de la conscience, les merveilles de la vie et l'architecture complexe de la réalité, cherchant dans chacun un fil d'Ariane qui pourrait nous mener à l'absolu, à la certitude d'une présence divine orchestrant l'harmonie des sphères.

Ce livre n'a pas prétendu apporter des réponses définitives, mais a plutôt tenté de construire un pont entre deux mondes souvent vus comme distincts ou même opposés : la science et la spiritualité. Nous avons démontré que le dialogue entre eux est non seulement possible mais essentiel, car il est dans la nature humaine de chercher la vérité avec tous les outils à sa disposition. C'est dans la symphonie des équations mathématiques, les récits des textes sacrés, la poésie des galaxies en rotation, et le silence contemplatif de l'esprit que nous avons cherché à comprendre la question ultime de l'existence divine.

Nous sommes des êtres de chair et de sang, façonnés par des millénaires d'évolution, habitant un petit coin de l'univers, et pourtant, poussés par une force inexpliquée, nous cherchons à entrer en communion avec l'infinité. C'est dans cette aspiration profonde que nous trouvons le reflet de notre propre énigme. Qu'elle soit vue comme une projection de notre psyché ou une véritable quête de l'absolu, la recherche de Dieu est un voyage qui a façonné notre histoire, nos sociétés, nos arts et nos sciences.

À travers les pages de ce livre, nous avons esquissé un portrait de Dieu qui n'est pas restreint par les dogmes religieux ou les découvertes scientifiques mais qui les englobe. Dieu, tel que nous avons tenté de l'approcher, est une présence dans l'absence, un silence entre les notes, une possibilité dans l'improbabilité, une certitude dans le doute. Il est à la fois le point de départ et la destination finale de notre quête éternelle.

Ce que l'avenir réserve à la croyance en Dieu dans une ère dominée par la science est incertain. Cependant, ce que nous pouvons affirmer, c'est que tant qu'il y aura des questions sans réponses, l'homme cherchera. Et dans cette recherche, il n'est pas improbable qu'il trouve une nouvelle compréhension de Dieu qui unifie ses aspirations spirituelles avec sa soif de connaissance.

Si Dieu est, comme certains le suggèrent, une mosaïque de vérités, alors chaque pierre de cette mosaïque a été posée par des mains différentes : celles du scientifique, du philosophe, du théologien et du poète. Le tableau complet ne peut être apprécié qu'en prenant du recul, en observant comment chaque pièce s'intègre dans une image plus grande que la somme de ses parties.

Ce livre est une invitation à regarder au-delà des étoiles avec un télescope, mais aussi à regarder en soi avec introspection. Il est une ode à l'humilité et une reconnaissance de notre propre finitude dans la quête de l'infini.

Alors que nous concluons ce récit, nous laissons ouverte la porte de l'exploration et du mystère, car c'est dans l'émerveillement que réside le véritable esprit de la découverte, qu'elle concerne les lois de la physique ou la nature de Dieu. Peut-être qu'en fin de compte, la plus grande révélation est que le voyage ne se termine jamais ; il nous transforme, nous élève et nous conduit vers des horizons toujours plus vastes, vers l'horizon de l'infini.

Table des matières:

Remerciements

En clôture de ce périple littéraire et spirituel, je tiens à exprimer ma gratitude profonde à tous ceux qui ont jalonné le chemin de cette œuvre.

Je souhaite remercier en premier lieu les lecteurs, dont la soif de connaissance et la quête de compréhension sont la véritable muse qui a guidé ma plume. Sans votre curiosité et votre engagement, ce livre ne serait qu'un écho dans le vide.

Un merci sincère est adressé à ma famille et à mes amis, pour leur soutien indéfectible et leur patience durant les nombreuses heures passées dans le silence de l'écriture. Vous avez été les témoins silencieux de cette aventure, les gardiens de ma détermination.

Je tiens également à rendre hommage aux grands penseurs et scientifiques dont les travaux ont pavé la voie à mes réflexions. Leurs découvertes et théories sont les fondations sur lesquelles j'ai bâti mes interrogations et conclusions.

Un remerciement spécial va aux nombreux collaborateurs et pairs qui ont offert leur temps, leur expertise et leurs critiques constructives pour affiner et enrichir le manuscrit. Votre rigueur intellectuelle a été un cadeau inestimable.

À mes mentors spirituels et guides, dont la sagesse et la compassion ont été des lanternes dans les moments d'obscurité et de doute, je vous suis éternellement reconnaissant pour avoir éclairé mon chemin.

Et enfin, je remercie l'inconnu et l'invisible, pour les moments d'inspiration qui semblent provenir d'une source au-delà de ma propre conscience. Que cela soit une muse éthérée, un alignement des étoiles, ou le souffle du divin, je reste humble devant ces dons mystérieux.

Ce livre est le fruit d'un travail collectif, d'une communion d'idées et d'une solidarité indéfectible dans la recherche de la vérité. Que chacun de vous trouvez dans ces pages un écho à vos propres recherches et questionnements.

Avec toute ma gratitude,

Slim Labidi alias Slim el.

Printed in France by Amazon
Brétigny-sur-Orge, FR

15436192R00087